独立行政法人等、公共・公益法人の税実務

編著
独立行政法人等、
公共・公益法人の
税実務研究会

大成出版社

推薦にあたって

　独立行政法人制度をはじめ、公益・公共法人制度の官民一体の抜本的とも言える改革が現在進行しております。税制との関係においても、複雑に交差しており制度を適正に理解することは、これからの日本におけるコンプライアンスの徹底という課題にこたえるためにも重要と思われます。

　そこで関係者におかれましては、実務を通じての解説書等が望まれてきたところであります。

　今回これらの実務経験豊富な「独立行政法人等、公共・公益法人の税実務研究会」メンバーによる税実務を中心に解説した本書の刊行は、誠に時宜を得たものと考え、ご推奨するものであります。

　　　平成18年11月

　　　　　　　　　　　　　　　　　　　　元国税庁長官
　　　　　　　　　　　　　　　　　　　　大　武　健一郎

発刊にあたって

　公共・公益法人等民間主体の非営利法人は、行政や民間営利部門では満たすことのできない社会のニーズに対応する多様なサービスを提供しておりますが、「官から民へ」という時代の要請の中で、その果たすべき役割はますます重要となっております。

　これらの公益法人は、民間非営利活動を行う代表的な主体でありますが、現行の公益法人制度は明治29年民法が制定されてから、現在までの間、抜本的な見直しが行われないまま来たため、時代の要請に応じた新しい制度の構築が必要とされ、所謂「公益法人制度改革関連三法案」が立案され、平成18年5月26日に成立し、同年6月2日に公布されたところですが、新制度は公布の日から5年間は移行期間（平成20年度中に施行）とされ、現行の公益法人は、この期間内に必要な手続を行い、新制度に移行することとなっています。

　このような中で、公益法人や独立行政法人等の方々から、公益法人等の税務上の取扱い実務書の発行について強いご要望を受け、本書を発刊することとなりました。本書は、独立行政法人等、公共・公益法人の税実務研究会のメンバーにより作られました。

　出版にあたり私達の希望を快くお受けいただき、格別のご支援をいただいた大成出版社編集部の鈴木信夫氏、坂本長二郎氏、大塚徳治氏に、研究会メンバー一同心からお礼申し上げます。

　　　平成18年11月

　　　　　　　　独立行政法人等、公共・公益法人の税実務研究会

「独立行政法人等、公共・公益法人の税実務研究会」メンバー

東垣外　洋　三　（建設業情報管理センター　特命審議役）

右　手　崇　視　（センチュリーメンターCEO・財務省会計センター非常勤講師）

江　原　　　均　（元国税局　部長）

北　原　基　久　（元財務省大臣官房会計課）

設　楽　岩　久　（NTTデータソリューション　会長）

杉　村　正　睦　（元国税局　部長）

田　頭　基　典　（島根銀行　代表取締役頭取、財政制度等審議会財政制度分科会　法制・公会計部会　公企業会計小委員会臨時委員）

劔　地　一　雄　（元国税局長）

兵　藤　廣　治　（元財政制度等審議会財政制度分科会　法制・公会計部会　公企業会計小委員会専門委員）

真　家　卓　夫　（公庫住宅融資保証協会　監事）

（五十音順）

独立行政法人等、公共・公益法人の税実務

目　　次

第1編　公共・公益法人等の法人税等実務

I　**公共・公益法人等の概要** …………………………………………… 3
　1　公共・公益法人等の意義 …………………………………………… 3
　2　公共法人の概要 ……………………………………………………… 4
　　(1)　公共法人の種類・特徴 ………………………………………… 4
　　(2)　公共法人（特殊法人、認可法人、独立行政法人等）の課税
　　　　関係 ………………………………………………………………… 6
　3　公益法人の概要 ………………………………………………………28
　　(1)　民法第34条（公益法人の設立） ………………………………28
　　(2)　その他法律の規定に基づいて設立された公益法人 …………29
　　(3)　NPO法の創設に伴い、法人格を有することとなった非営
　　　　利活動法人 ………………………………………………………34
　　(4)　人格のない社団・民法上の任意組合 …………………………35
　4　公益事業と収益事業の課税関係 …………………………………37
　　(1)　課税対象となる収益事業 ………………………………………37
　　(2)　収益事業における優遇措置 ……………………………………39

II　**収益事業の意義及び課税関係** ………………………………………49
　1　収益事業の意義 ………………………………………………………49
　　(1)　収益事業の対象事業 ……………………………………………49
　　　イ　特掲事業 ………………………………………………………49

ロ　委託契約等による事業……………………………………49
　　　ハ　共済事業……………………………………………………50
　　　ニ　収益事業から除外されているもの………………………51
　　　ホ　事業場を設けて営まれるものの意義……………………52
　　　ヘ　継続して営まれるものの意義……………………………52
　　　ト　付随行為の意義……………………………………………53
　2　収益事業の具体的範囲等について……………………………54
　　(1)　物品販売業……………………………………………………54
　　　イ　物品の範囲…………………………………………………55
　　　ロ　宗教法人の物品販売業……………………………………56
　　　ハ　学校法人の物品販売業……………………………………56
　　　ニ　非課税とされる物品販売業務等…………………………57
　　(2)　不動産販売業…………………………………………………58
　　　イ　不動産販売業の範囲………………………………………58
　　　ロ　非課税とされる不動産販売業……………………………59
　　(3)　金銭貸付業……………………………………………………60
　　　イ　金銭貸付業の範囲…………………………………………60
　　　ロ　共済貸付け…………………………………………………60
　　　ハ　非課税とされる金銭貸付業………………………………61
　　(4)　物品貸付業……………………………………………………62
　　　イ　物品貸付業の範囲…………………………………………62
　　　ロ　対象となる物品の範囲……………………………………63
　　　ハ　非課税とされる物品の貸付け……………………………63
　　(5)　不動産貸付業…………………………………………………64
　　　イ　不動産貸付業の範囲………………………………………64
　　　ロ　非課税とされる不動産貸付業……………………………65
　　　ハ　非課税とされる墳墓地の貸付け…………………………65

	ニ	非課税とされる国等に対する不動産の貸付け………………………	66
	ホ	非課税とされる住宅用地の低廉貸付け………………………………	66
(6)	製 造 業………………………………………………………………………		69
	イ	製造業の範囲…………………………………………………………	69
	ロ	農産物等に加える加工の程度の範囲………………………………	69
	ハ	研究試作品等の販売…………………………………………………	70
(7)	通 信 業………………………………………………………………………		73
(8)	運 送 業………………………………………………………………………		74
(9)	倉 庫 業………………………………………………………………………		74
(10)	請 負 業………………………………………………………………………		74
	イ	請負業の範囲…………………………………………………………	75
	ロ	非課税とされる請負業………………………………………………	75
	ハ	事務処理の委託を受ける業で収益事業に該当しないものの要件………………………………………………………………	76
	ニ	請負業と他の特掲事業との関係……………………………………	76
(11)	印 刷 業………………………………………………………………………		77
(12)	出 版 業………………………………………………………………………		77
	イ	非課税とされる出版業の要件………………………………………	78
	ロ	代価に代えて会費を徴収して行う出版物の発行…………………	79
(13)	写 真 業………………………………………………………………………		79
(14)	席 貸 業………………………………………………………………………		80
	イ	席貸業の範囲…………………………………………………………	80
	ロ	非課税とされる席貸業………………………………………………	81
(15)	旅 館 業………………………………………………………………………		81
	イ	旅館業の範囲…………………………………………………………	81
	ロ	非課税とされる旅館業………………………………………………	82
	ハ	低廉な宿泊施設………………………………………………………	83

(16)	料理店業その他の飲食店業	84
(17)	周旋業、代理業、仲立業、問屋業	84
	イ　周旋業の範囲	85
	ロ　代理業の範囲	85
	ハ　仲立業の範囲	85
	ニ　問屋業の範囲	85
(18)	鉱業、土石採取業	86
(19)	浴　場　業	86
(20)	理容業・美容業	87
	イ　理容業・美容業の範囲	87
	ロ　実習として行う理容又は美容	87
(21)	興　行　業	88
	イ　興行業の範囲	88
	ロ　常設美術館等における展示等	88
	ハ　慈善興行等	89
(22)	遊技所業	90
	イ　遊技所業の範囲	90
	ロ　席貸業との関連	90
(23)	遊覧所業	91
(24)	医療保険業	91
	イ　医療保険業の付随事業	91
	ロ　非課税とされる医療保険業	92
(25)	技芸教授業	95
	イ　技芸教授業の範囲	95
	ロ　非課税とされる技芸の教授	96
(26)	駐車場業	98
(27)	信用保証業	98

イ　非課税とされる信用保証業………………………………………98
　　　ロ　保証料率の判定基準………………………………………………99
　(28)　無体財産権提供業……………………………………………………99
　(29)　その他（独立した付随行為）……………………………………100
　　　イ　学校法人等が実習の一環として行う事業……………………100
　　　ロ　神前結婚等の場合の収益事業の判定…………………………101
　(30)　収益事業の判定事例………………………………………………101
　　　イ　中小企業・農業漁業対策、特定産業振興事業………………102
　　　ロ　貿易振興対策、海外援助事業…………………………………102
　　　ハ　商品流通対策事業………………………………………………103
　　　ニ　交通、運輸、通信対策事業……………………………………103
　　　ホ　自然環境保全、公害対策事業…………………………………103
　　　ヘ　雇用対策、高齢者、身障者等福祉対策事業…………………104
　　　ト　学校教育、就学援助、社会教育関係事業……………………104
　　　チ　学術・文化、科学技術の振興事業……………………………105
　　　リ　スポーツ・芸能の普及・振興事業……………………………105
　　　ヌ　医療保険、健康対策事業………………………………………106
　　　ル　宗教法人関係……………………………………………………106
　　　ヲ　幼稚園関係………………………………………………………107
　　　ワ　その他各事業に共通的なもの…………………………………108

Ⅲ　収益事業に係る所得の計算等………………………………………109
　1　所得に関する区分経理…………………………………………………109
　2　固定資産の区分経理……………………………………………………110
　3　収益事業の資本…………………………………………………………110
　4　公益法人等のみなし寄附金……………………………………………110
　　(1)　みなし寄附金の概要………………………………………………110

  (2) 寄附金の損金算入限度額 ……………………………………112
 5　費用又は損失の区分経理 …………………………………………112
  イ　直接費等 ………………………………………………………112
  ロ　共通経費等 ……………………………………………………113
 6　低廉譲渡等 …………………………………………………………113
 7　収益事業に係る固定資産の処分損益 ……………………………114
 8　借地権利金等 ………………………………………………………115
 9　補助金等の収入 ……………………………………………………115

Ⅳ　収益事業と税務手続 ……………………………………………117
 1　収益事業の開始に伴う届出 ………………………………………117
 2　確定申告書の添付書類 ……………………………………………118
 3　公益法人等の収支計算書等の税務当局への申告、申請、提出制度 ……………………………………………………………………118
  (1) 適用対象法人 …………………………………………………119
  (2) 収支計算書の記載内容 ………………………………………119
 4　実費弁償事業の税務手続き ………………………………………120
  (1) 公益法人等の「実費弁償」の概要 …………………………121
  (2) 「実費弁償」の国税当局の審査 ……………………………121
  (3) 様式等 …………………………………………………………123

Ⅴ　公益法人の会計基準等 …………………………………………129
 1　公益法人の会計基準の標準的位置付け …………………………129
 2　適用範囲 ……………………………………………………………131
 3　作成すべき計算書類等 ……………………………………………131
  (1) 収支予算書 ……………………………………………………131
  (2) 会計帳簿 ………………………………………………………132

(3) 計算書類 …………………………………………………132
　4 公益法人等制度の改革 ……………………………………133

Ⅵ　**公共・公益法人等のその他の税務**（消費税関係は第2編） …135
　1 利子・配当等の所得税の非課税 …………………………135
　2 給与、報酬等を支払う場合の所得税の源泉徴収義務 ……136
　　(1) 給与、報酬 ………………………………………………136
　　(2) 委員手当等 ………………………………………………137
　　(3) 消防団員の手当等 ………………………………………137
　　(4) 料金報酬（法人に対する支払いは除かれる）…………138
　　(5) 非居住者等に対する支払い ……………………………139
　3 源泉徴収票、支払調書等の提出義務 ……………………142
　4 税務調査と質問検査権 ……………………………………144
　5 特定公益増進法人の制度 …………………………………148

Ⅶ　**公共・公益法人等に対する税務調査** ………………………151
　1 税務調査の対象の選定 ……………………………………151
　2 社団・財団法人の調査 ……………………………………156
　3 社会福祉法人の調査 ………………………………………162
　4 宗教法人の調査 ……………………………………………171
　5 学校法人の調査 ……………………………………………176

Ⅷ　**公共・公益法人に対する税務調査と調査内容の例示** ………181

第2編　国、地方公共団体や独立行政法人、公共・公益法人等の消費税実務

Ⅰ　国、地方公共団体、公共・公益法人等に対する消費税の特例等 ……197
 1　国、地方公共団体の会計単位による納税義務の特例 ……………197
 2　資産の譲渡等の時期の特例 ……………………………………………198
  (1)　原則 …………………………………………………………………198
  (2)　国、地方公共団体、公共・公益法人等の資産の譲渡等の時期の特例 ……………………………………………………………199
 3　国、地方公共団体、公共・公益法人等の仕入控除税額の計算の特例 …………………………………………………………………199
  (1)　仕入控除税額の計算 ………………………………………………199
  (2)　対象となる事業者 …………………………………………………200
  (3)　特定収入とは ………………………………………………………200
  (4)　補助金等（資産の譲渡等の対価以外の収入）の使途の特定方法 ……………………………………………………………………204
  (5)　特定収入に係る課税仕入れ等の消費税額の計算 ………………208
 4　申告・納付期限の特例 ………………………………………………210
 5　帳簿の記載事項及び保存 ……………………………………………212
Ⅱ　特定収入に係る課税仕入れ等の税額の計算 ………………………………213
 〔事例1〕　課税売上割合が95％以上の場合 ……………………………213
 〔事例2〕　課税売上割合が95％未満の場合 ……………………………224
  1　個別対応方式を採用している場合 ………………………………225
  2　一括比例配分方式を採用している場合 …………………………237
 特定収入に係る課税仕入れ等の税額の計算表1〜5 ………………247

参考又は引用とした主な文献一覧 ………………………………………………255

第1編　公共・公益法人等の法人税等実務

I　公共・公益法人等の概要

1　公共・公益法人等の意義

　わが国の法律で公益法人の定義を定めたものはないが、公益法人を広義に解釈すると、「公益を目的とする事業を営む法人」ということができ、この広義の公益法人には、法律上いくつかの種類があり、これを大別すると、
　①　民法第34条の規定に基づいて設立された公益法人
　②　民法の特別法の規定に基づいて設立された公益法人
　③　民法の特別法以外の特別法に基づいて設立された公益法人
というように分類される。
　一般的には、①に該当する公益法人を単に「公益法人」と呼んでおり、具体的には「社団法人」又は「財団法人」がこれにあたる。
　また、②に該当する公益法人としては、学校法人、社会福祉法人、宗教法人、特定非営利活動法人等があり、③に該当する公益法人としては、法人税法別表第二、公益法人等の表の一に掲げられている商工会議所、商工会等がある。
　なお、税法上の公益法人等は、いわゆる特掲主義をとっていることから、この表に掲げられていない法人は、たとえ公益を目的として設立された法人であっても法人税法上の公益法人等には該当しないこととなるので、法人税法別表第一公共法人の表又は同法別表第三協同組合等の表に掲げられていない限り普通法人として取り扱われることとなる。

2　公共法人の概要

⑴　公共法人の種類・特徴

　公共法人の用語を法律上用いているものとしては、法人税法等にその例が見られるが、個々の法人を直接列挙することにより公共法人の範囲を規定（いわゆる特掲主義）しており、その内包的定義は行われていない。なお、法人税法が公共法人として指定している法人を強いて定義すれば、「公共法人とは、特別の法律によって設立された法人のうち国又は地方公共団体が資本を拠出してそれらの団体が行うべき業務を代行していると認められるもので、利益の配分を行わないもの。」ということができよう。
　法人税法の公共法人に該当する法人は、法人税法の別表第一に掲げられているが、特殊法人、認可法人、独立行政法人及び国立大学法人等の多くが公共法人とされている。
（注）内包的定義とは、集合を定義するのに、その集合に共通する性質により定義することである。これに対して、その集合に含まれるもの全てを示す方法により定義することを外延的定義という。

イ　特殊法人（独立行政法人を除く）

　特殊法人とは、政府が必要な事業を行おうとする場合、その業務の性格が企業的経営になじむものであり、これを通常の行政機関に担当せしめては、各種の制度上の制約から能率的な経営を期待できないとき等に、特別の法律によって独立の法人を設け、国家的責任を担保するに足りる特別の監督を行うとともにその他の面ではできる限り経営の自主性と弾力性を認めて能率的経営を行わせようとするために設立される法人であり、その設立形態に着目すれば、法律により直接設立される法人又は特別の設立行為をもって設立すべきものとされている法人と定義できる。
　法律により直接設立される法人としては、郵政公社が該当する。また、特

別の設立行為をもって設立すべきものとされている法人には、国民生活金融公庫、中小企業金融公庫、日本政策投資銀行、国際協力銀行等が該当する。

ロ　認可法人

　認可法人とは、特別の法律に基づいて数を限定して設立される法人であり、設立に当たっては、強制設立の形をとらず、民間等の関係者が発起人となって自主的に設立されるものであるが、その設立につき又は設立の際の定款等につき主務大臣の認可に係らしめている法人である。

　認可法人は、民間の発意に基づき自主的に設立の発起をし必要な手続をしたものに対して、その法人の目的が特に公益性が強いため、主務大臣が特別の法律に基づき認可を与えたものを指しており、単に民法第34条の規定に基づき主務官庁の許可を得た公益法人とは異なっている。日本銀行、預金保険機構等がこれに該当する。

（注）民法第34条の規定
　　学術、技芸、慈善、祭祀、宗教その他の公益に関する社団又は財団であって、営利を目的としないものは、主務官庁の許可を得て、法人とすることができる。

ハ　独立行政法人

　独立行政法人とは、国民生活及び社会経済の安定等の公共上の見地から確実に実施されることが必要な事務及び事業であって、国自らが主体となって直接に実施する必要のないもののうち、民間の主体にゆだねた場合には必ずしも実施されないおそれがあるもの又は一の主体に独占して行わせることが必要であるものを効率的かつ効果的に行わせることを目的として、独立行政法人通則法及び個別法の定めるところにより設立される法人である。

　独立行政法人もその設立方式に着目すれば、特別の設立行為をもって設立すべきものとされている法人であり、この点からは独立行政法人も特殊法人の一部ということもできるが、独立行政法人には、全ての独立行政法人に共

通的に適用される独立行政法人通則法が存在しており、この点で特殊法人とは大きく異なっている。

独立行政法人は、平成13年4月1日に中央省庁改革の一環として、国の業務を企画立案部門とその実施部門に区分し、実施部門を国とは独立の法人として設立されたのが最初であり、その後の特殊法人等改革により、特殊法人等を廃止しその業務を承継した独立行政法人が設立されており、平成18年4月現在で104の法人が設立されている。この結果、特殊法人及び認可法人の数は急激に減少している。

ニ　国立大学法人

従来、国の機関として国立学校特別会計で経理されてきた国立大学及び大学共同利用機関を、わが国の大学改革の一環として国立大学法人法に基づき国とは別の法人として設立されたのが、国立大学法人及び大学共同利用機関法人である。なお、広義の国立大学法人は国立大学法人（狭義）のほか大学共同利用機関法人も含まれる概念であり、平成18年4月現在で、国立大学法人87法人と大学共同利用機関法人4法人が設立されている。

国立大学法人法は、独立行政法人通則法の多くの規定を準用しており、独立行政法人制度に類似した仕組みとなっているが、教育機関としての特性（大学の教育研究の自治）に配慮した制度とされている。

(2)　公共法人（特殊法人、認可法人、独立行政法人等）の課税関係
イ　法人税が課されない公共法人

法人には法人税法の規定に基づき、各事業年度の所得に対して法人税が課されることとされているが、特殊法人、認可法人、独立行政法人等のうち、法人税法の別表第一に掲げられる公共法人については、法人税を納める義務がない。

なお、特殊法人及び認可法人については、法人税法の別表第一において

個々の法人名を掲げることにより指定されているが、独立行政法人については、財務大臣が告示により指定した法人が公共法人に該当することになる。また、国立大学法人（狭義）及び大学共同利用機関法人については、全ての法人が公共法人として指定されている。

ロ　独立行政法人の課税関係
　独立行政法人については、その全部が公共法人として指定されているのではなく、「その資本金の額若しくは出資金の額の全部が国又は地方公共団体の所有に属しているもの又はこれに類するもの」として財務大臣が指定したものに限られており、具体的には財務省告示により指定が行われている。これは、独立行政法人が、独立行政法人通則法及び法人ごとの個別法に基づき設立されることとされており、この個別法の規定によって、公共法人に指定されるべき法人とそうではない法人が存在することによる。
　独立行政法人は、平成18年4月現在で、104の法人が設立されているが、そのうち88法人が公共法人として指定されている。なお、公共法人として指定されていない16法人は、国及び地方公共団体以外の者からの出資金（民間からの出資金）を有する法人であること等から公共法人に該当しないこととされているが、これらの16法人は、法人税法の別表第二の公益法人等（収益事業以外の所得には法人税が課税されない法人）として指定されている。

独立行政法人一覧（平成18年4月1日現在）

内閣府所管（5法人）
　（独）国立公文書館
　（独）駐留軍等労働者労務管理機構
　（独）国民生活センター
　（独）北方領土問題対策協会
　（独）沖縄科学技術研究基盤整備機構

総務省所管（3法人）
　（独）情報通信研究機構
　（独）統計センター
　（独）平和祈念事業特別基金

外務省所管（2法人）
　（独）国際協力機構
　（独）国際交流基金

財務省所管（5法人）
　（独）酒類総合研究所
　（独）造幣局
　（独）国立印刷局
　（独）通関情報処理センター
　（独）日本万国博覧会記念機構

文部科学省所管（26法人）
　（独）国立特殊教育総合研究所
　（独）大学入試センター
　（独）国立青少年教育振興機構
　（独）国立女性教育会館
　（独）国立国語研究所
　（独）国立科学博物館
　（独）物質・材料研究機構
　（独）防災科学技術研究所
　（独）放射線医学総合研究所
　（独）国立美術館
　（独）国立博物館
　（独）文化財研究所
　（独）教員研修センター
　（独）科学技術振興機構
　（独）日本学術振興会
　（独）理化学研究所
　（独）宇宙航空研究開発機構
　（独）日本スポーツ振興センター
　（独）日本芸術文化振興会
　（独）日本学生支援機構
　（独）海洋研究開発機構
　（独）国立高等専門学校機構
　（独）大学評価・学位授与機構
　（独）国立大学財務・経営センター
　（独）メディア教育開発センター
　（独）日本原子力研究開発機構

厚生労働省所管（14法人）
　（独）国立健康・栄養研究所
　（独）労働安全衛生総合研究所
　（独）勤労者退職金共済機構
　（独）高齢・障害者雇用支援機構
　（独）福祉医療機構
　（独）国立重度知的障害者総合施設のぞみの園
　（独）労働政策研究・研修機構
　（独）雇用・能力開発機構
　（独）労働者健康福祉機構
　（独）国立病院機構
　（独）医薬品医療機器総合機構
　（独）医薬基盤研究所
　（独）年金・健康保険福祉施設整理機構
　年金積立金管理運用（独）

農林水産省所管（17法人）
　（独）農林水産消費技術センター
　（独）種苗管理センター
　（独）家畜改良センター
　（独）肥飼料検査所
　（独）農薬検査所
　（独）林木育種センター
　（独）水産大学校
　（独）農業・食品産業技術総合研究機構
　（独）農業生物資源研究所
　（独）農業環境技術研究所
　（独）国際農林水産業研究センター
　（独）森林総合研究所
　（独）水産総合研究センター
　（独）農畜産業振興機構
　（独）農業者年金基金
　（独）農林漁業信用基金
　（独）緑資源機構

経済産業省所管（11法人）
　（独）経済産業研究所
　（独）工業所有権情報・研修館
　（独）日本貿易保険
　（独）産業技術総合研究所
　（独）製品評価技術基盤機構
　（独）新エネルギー・産業技術総合開発機構
　（独）日本貿易振興機構
　（独）原子力安全基盤機構
　（独）情報処理推進機構
　（独）石油天然ガス・金属鉱物資源機構
　（独）中小企業基盤整備機構

国土交通省所管（19法人）
　（独）土木研究所
　（独）建築研究所
　（独）交通安全環境研究所
　（独）海上技術安全研究所
　（独）港湾空港技術研究所
　（独）電子航法研究所
　（独）航海訓練所
　（独）海技教育機構
　（独）航空大学校
　自動車検査（独）
　（独）鉄道建設・運輸施設整備支援機構
　（独）国際観光振興機構
　（独）水資源機構
　（独）自動車事故対策機構
　（独）空港周辺整備機構
　（独）海上災害防止センター
　（独）都市再生機構
　（独）奄美群島振興開発基金
　（独）日本高速道路保有・債務返済機構

環境省所管（2法人）
　（独）国立環境研究所
　（独）環境再生保全機構

合計　104法人

設立予定法人（2法人）
　（平成19年4月設立予定）
　　（独）住宅金融支援機構
　（平成19年10月設立予定）
　　（独）郵便貯金・簡易生命保険管理機構

国立大学法人一覧（平成18年4月1日現在）

国立大学法人(87法人)

北海道大学	横浜国立大学	岡山大学
北海道教育大学	新潟大学	広島大学
室蘭工業大学	長岡技術科学大学	山口大学
小樽商科大学	上越教育大学	徳島大学
帯広畜産大学	富山大学	鳴門教育大学
旭川医科大学	金沢大学	香川大学
北見工業大学	福井大学	愛媛大学
弘前大学	山梨大学	高知大学
岩手大学	信州大学	福岡教育大学
東北大学	岐阜大学	九州大学
宮城教育大学	静岡大学	九州工業大学
秋田大学	浜松医科大学	佐賀大学
山形大学	名古屋大学	長崎大学
福島大学	愛知教育大学	熊本大学
茨城大学	名古屋工業大学	大分大学
筑波大学	豊橋技術科学大学	宮崎大学
筑波技術大学	三重大学	鹿児島大学
宇都宮大学	滋賀大学	鹿屋体育大学
群馬大学	滋賀医科大学	琉球大学
埼玉大学	京都大学	政策研究大学院大学
千葉大学	京都教育大学	総合研究大学院大学
東京大学	京都工芸繊維大学	北陸先端科学技術大学院大学
東京医科歯科大学	大阪大学	奈良先端科学技術大学院大学
東京外国語大学	大阪外国語大学	
東京学芸大学	大阪教育大学	
東京農工大学	兵庫教育大学	
東京芸術大学	神戸大学	
東京工業大学	奈良教育大学	大学共同利用機関法人(4法人)
東京海洋大学	奈良女子大学	人間文化研究機構
お茶の水女子大学	和歌山大学	自然科学研究機構
電気通信大学	鳥取大学	高エネルギー加速器研究機構
一橋大学	島根大学	情報・システム研究機構

法人税が課税されない独立行政法人
（法人税法別表第一の公共法人に該当）

内閣府所管
　(独)国立公文書館
　(独)駐留軍等労働者労務管理機構
　(独)国民生活センター
　(独)北方領土問題対策協会
　(独)沖縄科学技術研究基盤整備機構

総務省所管
　(独)統計センター
　(独)平和祈念事業特別基金

外務省所管
　(独)国際協力機構
　(独)国際交流基金

財務省所管
　(独)酒類総合研究所
　(独)造幣局
　(独)国立印刷局
　(独)日本万国博覧会記念機構

文部科学省所管
　(独)国立特殊教育総合研究所
　(独)大学入試センター
　(独)国立青少年教育振興機構
　(独)国立女性教育会館
　(独)国立国語研究所
　(独)国立科学博物館
　(独)物質・材料研究機構
　(独)防災科学技術研究所
　(独)放射線医学総合研究所
　(独)国立美術館
　(独)国立博物館
　(独)文化財研究所
　(独)教員研修センター
　(独)日本学術振興会
　(独)日本スポーツ振興センター
　(独)日本芸術文化振興会
　(独)日本学生支援機構
　(独)国立高等専門学校機構
　(独)大学評価・学位授与機構
　(独)国立大学財務・経営センター
　(独)メディア教育開発センター

厚生労働省所管
　(独)国立健康・栄養研究所
　(独)労働安全衛生総合研究所
　(独)高齢・障害者雇用支援機構
　(独)福祉医療機構
　(独)国立重度知的障害者総合施設のぞみの園
　(独)労働政策研究・研修機構
　(独)雇用・能力開発機構
　(独)労働者健康福祉機構
　(独)国立病院機構
　(独)医薬品医療機器総合機構
　(独)医薬基盤研究所
　(独)年金・健康保険福祉施設整理機構
　年金積立金管理運用(独)

農林水産省所管
　(独)農林水産消費技術センター
　(独)種苗管理センター
　(独)家畜改良センター
　(独)肥飼料検査所
　(独)農薬検査所
　(独)林木育種センター
　(独)水産大学校
　(独)農業生物資源研究所
　(独)農業環境技術研究所
　(独)国際農林水産業研究センター
　(独)森林総合研究所
　(独)水産総合研究センター
　(独)農畜産業振興機構
　(独)緑資源機構

経済産業省所管
　(独)経済産業研究所
　(独)工業所有権情報・研修館
　(独)日本貿易保険
　(独)産業技術総合研究所
　(独)製品評価技術基盤機構
　(独)日本貿易振興機構
　(独)原子力安全基盤機構
　(独)石油天然ガス・金属鉱物資源機構

国土交通省所管
　(独)土木研究所
　(独)建築研究所
　(独)交通安全環境研究所
　(独)海上技術安全研究所
　(独)港湾空港技術研究所
　(独)電子航法研究所
　(独)航海訓練所
　(独)海技教育機構
　(独)航空大学校
　自動車検査(独)
　(独)鉄道建設・運輸施設整備支援機構
　(独)国際観光振興機構
　(独)水資源機構
　(独)空港周辺整備機構
　(独)都市再生機構
　(独)奄美群島振興開発基金
　(独)日本高速道路保有・債務返済機構

環境省所管
　(独)国立環境研究所
　(独)環境再生保全機構

（注）法人税が課税されない独立行政法人は、「法人税法別表第一第一号の表独立行政法人の項の規定に基づき法人税を課さない法人（平成15年9月財務省告示第606号）」により指定されている。

収益事業以外の所得には法人税が課税されない独立行政法人
（法人税法別表第二の公益法人に該当）

- (独)情報通信研究機構
- (独)通関情報処理センター
- (独)科学技術振興機構
- (独)理化学研究所
- (独)宇宙航空研究開発機構
- (独)海洋研究開発機構
- (独)日本原子力研究開発機構
- (独)勤労者退職金共済機構
- (独)農業・食品産業技術総合研究機構
- (独)農業者年金基金
- (独)農林漁業信用基金
- (独)新エネルギー・産業技術総合開発機構
- (独)情報処理推進機構
- (独)中小企業基盤整備機構
- (独)自動車事故対策機構
- (独)海上災害防止センター

（注）収益事業以外の所得には法人税が課税されない独立行政法人は、「法人税法別表第二第一号の表独立行政法人の項の規定に基づき収益事業から生じた所得以外の所得に対する法人税を課さない法人（平成15年9月財務省告示第607号）」により指定されている。

<参考資料1>

【所管別法人数】

表1 所管官庁別法人数（国所管）

所管官庁	本省庁 社団	本省庁 財団	本省庁 合計	地方支分部局 社団	地方支分部局 財団	地方支分部局 合計	省庁別合計 社団	省庁別合計 財団	省庁別合計 合計
内閣府	39	46	85	—	—	—	39	46	85
警察庁	23	29	52	—	—	—	23	29	52
防衛庁	7	15	22	—	—	—	7	15	22
金融庁	39	17	56	90	3	93	129	20	149
総務省	82	158	240	66	29	95	148	187	335
法務省	111	25	136	—	—	—	111	25	136
外務省	99	136	235	—	—	—	99	136	235
財務省	21	44	65	641	2	643	662	46	708
文部科学省	593	1,355	1,948	—	—	—	593	1,355	1,948
厚生労働省	296	470	766	342	150	492	638	620	1,258
農林水産省	301	171	472	—	—	—	301	171	472
経済産業省	494	380	874	—	—	—	494	380	874
国土交通省	324	283	607	443	149	592	766	432	1,198
環境省	41	51	92	—	—	—	41	51	92
省庁合計	2,279	2,910	5,189	1,572	333	1,905	3,850	3,236	7,086

（注）省庁合計は、省庁間の共管を除いた実数。

表2　法人数の推移

		平成元年	平成2年	平成3年	平成4年	平成5年	平成6年	平成7年
国所管	社団	3,317	3,372	3,442	3,504	3,557	3,583	3,627
	財団	2,967	3,036	3,127	3,187	3,242	3,284	3,295
	合計	6,284	6,408	6,569	6,691	6,799	6,867	6,922
都道府県所管	社団	7,877	8,046	8,238	8,499	8,643	8,771	8,882
	財団	8,758	9,051	9,327	9,658	9,864	10,059	10,215
	合計	16,635	17,097	17,565	18,157	18,507	18,830	19,097
全体	社団	11,186	11,409	11,648	11,946	12,142	12,296	12,451
	財団	11,697	12,056	12,420	12,811	13,072	13,309	13,476
	合計	22,883	23,465	24,068	24,757	25,214	25,605	25,927

		平成8年	平成9年	平成10年	平成11年	平成12年	平成13年	平成14年
国所管	社団	3,654	3,672	3,691	3,704	3,883	3,877	3,850
	財団	3,161	3,171	3,178	3,175	3,271	3,266	3,236
	合計	6,815	6,843	6,869	6,879	7,154	7,143	7,086
都道府県所管	社団	9,023	9,130	9,196	9,228	9,139	9,147	9,154
	財団	10,343	10,396	10,410	10,342	10,145	10,070	9,978
	合計	19,366	19,526	19,606	19,570	19,284	19,217	19,132
全体	社団	12,618	12,743	12,827	12,872	12,889	12,889	12,872
	財団	13,471	13,532	13,553	13,482	13,375	13,294	13,171
	合計	26,089	26,275	26,380	26,354	26,264	26,183	26,043

(注)　1　国と都道府県との共管法人があるため、国所管と都道府県所管とを足した数は、全体数と一致しない。
　　　2　各年10月1日現在である。

表3　性格別法人数

所管官庁	法人数	性格別法人数			
		本来の公益法人	互助・共済団体等	営利転換候補	その他
国所管	7,086	6,830	253	1	2
都道府県所管	19,132	15,303	3,634	36	159
合計	26,043	21,963	3,882	37	161

表4 新設・解散法人数

所管官庁	新設法人数							解散法人数						
	平成8年	平成9年	平成10年	平成11年	平成12年	平成13年	平成14年	平成8年	平成9年	平成10年	平成11年	平成12年	平成13年	平成14年
国所管	80	51	48	47	26	46	24	189	24	31	38	44	62	78
都道府県所管	354	283	218	165	145	156	123	152	149	172	228	236	240	236
合計	434	332	265	212	171	202	147	341	172	203	266	280	299	312

（注）平成8年の国所管の解散法人には、更生保護法人に組織変更したものが164法人含まれている。

表5 理事規模別法人数

所管官庁	法人数	理事規模別法人数						理事合計人数	理事平均人数
		0～9人	10～19人	20～29人	30～39人	40～49人	50人以上		
国所管	7,086	1,586	2,725	1,393	581	291	510	152,000	21.5
都道府県所管	19,132	6,453	9,380	2,425	545	182	147	263,533	13.8
合計	26,043	7,990	12,036	3,770	1,117	473	657	412,758	15.8

表6 常勤理事規模別法人数

所管官庁	法人数	常勤理事規模別法人数						常勤理事合計人数	常勤理事平均人数
		0人	1人	2人	3人	4人	5人以上		
国所管	7,086	2,177	2,984	1,000	446	209	270	8,964	1.3
都道府県所管	19,132	11,240	5,938	1,225	387	157	185	11,503	0.6
合計	26,043	13,353	8,845	2,206	828	362	449	20,275	0.8

表7　公務員出身理事のいる法人数及び人数の推移

所管官庁	法人数	法人数						
		平成8年	平成9年	平成10年	平成11年	平成12年	平成13年	平成14年
国所管	7,086	2,483	2,470	2,441	2,428	2,469	2,473	2,391
都道府県所管	19,132	5,443	5,591	5,563	5,631	5,523	5,443	5,265

所管官庁	理事数						
	平成8年	平成9年	平成10年	平成11年	平成12年	平成13年	平成14年
国所管	7,080	6,903	6,338	6,112	6,134	6,185	6,027
都道府県所管	14,633	15,657	15,329	14,960	14,458	14,052	13,551

（注）各年10月1日現在である。

表8　公務員出身常勤理事のいる法人数及び人数の推移

所管官庁	法人数	法人数						
		平成8年	平成9年	平成10年	平成11年	平成12年	平成13年	平成14年
国所管	7,086	—	1,159	1,114	1,125	1,122	1,133	1,113
都道府県所管	19,132	—	2,673	2,639	2,604	2,546	2,505	2,421

所管官庁	理事数						
	平成8年	平成9年	平成10年	平成11年	平成12年	平成13年	平成14年
国所管	1,742	1,721	1,657	1,651	1,644	1,652	1,632
都道府県所管	3,591	3,481	3,436	3,370	3,254	3,208	3,106

（注）1　各年10月1日現在である。
　　　2　平成8年は、法人数を調査していない。

表9 所管官庁出身理事数が3分の1を超える法人数

所管官庁	単管	共管	合計	前年合計
国所管	8	2	10	9
都道府県所管	516	7	523	529
合計	524	8	532	537

表10 所管官庁出身理事数が3分の1を超える法人数の推移

所管官庁	所管官庁出身理事数が3分の1を超える法人数						
	平成8年	平成9年	平成10年	平成11年	平成12年	平成13年	平成14年
国所管	239	176	104	20	10	9	10
都道府県所管	710	841	790	659	570	529	523

表11 有給常勤役員の平均報酬額

所管官庁	法人数	有給常勤役員の平均年間報酬額規模別法人数						
		有給役員なし	400万円未満	400万円以上800万円未満	800万円以上1,200万円未満	1,200万円以上1,600万円未満	1,600万円以上2,000万円未満	2,000万円以上
国所管	7,086	2,836	670	1,396	1,039	740	339	66
都道府県所管	19,132	12,875	2,561	2,485	841	271	50	49
合計	26,043	15,634	3,226	3,806	1,871	1,003	388	115

I 公共・公益法人等の概要　17

表12　年間収入構成　　　　　　　　　　　　　　　　　　　　（百万円）

		会費収入	財産運用収入	寄付金収入	国からの補助金等収入	都道府県からの補助金等収入
国所管	社団	404,122	45,805	50,647	106,575	41,591
	財団	211,727	190,758	152,831	283,465	51,003
都道府県所管	社団	241,473	103,516	8,524	29,769	75,427
	財団	147,923	163,556	105,172	13,622	289,407
合計		1,003,784	503,500	316,464	433,421	455,612
		4.9	2.5	1.6	2.1	2.2
前年合計		1,031,009	529,369			1,835,845

		民間助成団体等からの補助金等収入	その他の補助金等収入	事業収入	その他の収入	合計
国所管	社団	42,978	74,306	2,382,873	452,404	3,601,392
	財団	62,070	124,739	4,915,471	2,053,921	8,047,086
都道府県所管	社団	36,442	105,271	1,280,944	390,971	2,275,849
	財団	13,991	225,211	3,949,614	1,665,167	6,573,665
合計		154,089	528,251	12,428,557	4,553,422	20,381,804
		0.8	2.6	61.0	22.3	100.0
前年合計				12,884,660	3,892,586	20,174,226

表13　年間支出構成　　　　　　　　　　　　　　　　　　　　　　　　　　　（百万円）

		事業費	管理費	事業に不可欠な固定資産取得費	その他の支出	合計
国所管	社団	2,882,491	293,776	50,651	399,774	3,626,713
	財団	5,407,320	503,392	146,427	1,976,210	8,033,291
都道府県所管	社団	1,522,167	322,914	49,487	376,565	2,271,139
	財団	4,259,408	626,286	158,202	1,599,838	6,643,732
合計		13,984,969	1,735,631	392,879	4,346,215	20,459,655
比率（％）		68.4	8.5	1.9	21.2	100.0
前年合計		13,974,909	1,754,920	436,814	4,261,563	20,428,199

表14　収益事業収入額規模別法人数

所管官庁	法人数	0	1千万円未満	1千万円以上5千万円未満	5千万円以上1億円未満	1億円以上5億円未満	5億円以上	収益事業収入合計金額（百万円）
国所管	7,086	5,573	521	426	183	271	112	380,038
都道府県所管	19,132	15,580	1,325	907	419	634	267	708,304
合計	26,043	21,006	1,839	1,327	595	899	377	1,084,922

表15　内部留保の水準別法人数

所管官庁	法人数	－100％以下	－100％超0％未満	0％以上30％以下	30％超100％未満	100％以上1,000％未満	1,000％以上
国所管	7,086	145	570	3,847	1,771	660	93
都道府県所管	19,132	735	1,627	9,341	3,666	3,105	658
合計	26,043	878	2,173	13,078	5,416	3,749	749

表16　株式保有の状況

所管官庁	全法人数	財団法人のみ対象				全法人（社団法人＋財団法人）が対象						
		財団法人数	基本財産	割合（対財団法人%）	ポートフォリオ運用	割合(%)	その他	割合(%)	保有なし	割合(%)
国所管	7,086	3,236	383	11.8	236	3.3	251	3.5	6,345	89.5
都道府県所管	19,132	9,978	484	4.9	256	1.3	469	2.5	18,020	94.2
合計	26,043	13,171	867	6.6	491	1.8	716	2.7	24,195	92.9

（注）株式には、有限会社の持分を含む。

表17　情報公開の状況　（%）

所管官庁	定款又は寄附行為	役員名簿	平成13年度書類						平成14年度書類		平均
			事業報告書	収支計算書	正味財産増減計算書	貸借対照表	財産目録	社員名簿（社団のみ）	事業計画書	収支予算書	
国所管	99.4	99.3	98.1	98.0	95.4	97.6	97.7	96.6	98.0	97.9	97.8
都道府県所管	88.9	88.5	86.7	86.2	72.3	79.1	83.6	80.0	86.5	86.4	83.8
合計	91.7	91.3	89.7	89.3	78.4	84.0	87.4	84.8	89.6	89.4	87.6

（注）1　平均は、各項目の公開割合の単純平均。
　　　2　「平成13年度書類（事業報告書、収支計算書、正味財産増減計算書、貸借対照表、財産目録、社員名簿）」は平成13年度法人数に、「平成14年度書類（事業計画書、収支予算書）」は平成14年度法人数に対する割合。

表18　ホームページの開設状況

所管官庁	法人数	社団	財団	開設法人合計		社団		財団	
					割合(%)		割合(%)		割合(%)
国所管	7,086	3,850	3,236	4,336	61.2	2,376	61.7	1,960	60.6
都道府県所管	19,132	9,154	9,978	5,041	26.3	2,742	30.0	2,299	23.0
合計	26,043	12,872	13,171	9,290	35.7	5,054	39.3	4,236	32.2

（注）1　法人数は、平成14年10月1日現在。
　　　2　「合計」は、共管重複分を除く実数。

表19 立入検査の実施状況　（%）

所管官庁	立入検査の実施状況			
	11年度	12年度	13年度	11～13年度
国所管	31.9	35.5	44.7	79.3
都道府県所管	18.3	20.5	25.5	46.1
合計	22.1	24.7	30.9	55.5

(注) 1　本表は、各年度で所管している法人に関するものである。
　　 2　「11年度」は平成11年度法人数で、「12年度」は平成12年度法人数で、「13年度」及び「11～13年度（3年間に1度以上実施）」は平成13年度法人数を用いて割合を計算。
　　 3　「平成11年度法人数」とは、平成11年10月1日以前に設立された法人数（延べ数）。
　　　　「平成12年度法人数」とは、平成12年10月1日以前に設立された法人数（延べ数）。
　　　　「平成13年度法人数」とは、平成13年10月1日以前に設立された法人数（延べ数）。

表20　平成14年度における国所管公益法人に対する立入検査の実施状況

府省名	所管公益法人数	平成14年度立入検査実施法人数	平成14年度に改善すべき点のあった法人数	平成13・14年度立入検査実施法人数	平成13・14立入検査実施率（％）（平成13・14年度実施法人数／所管法人数×100）
内閣府	85	18	9	53	62.4
警察庁	52	51	6	52	100.0
防衛庁	22	8	3	13	59.1
金融庁	149	78	71	84	56.4
総務省	335	138	47	205	61.2
法務省	136	63	8	125	91.9
外務省	235	47	3	138	58.7
財務省	708	402	102	615	86.9
文部科学省	1,948	663	55	1,328	68.2
厚生労働省	1,258	412	238	911	72.4
農林水産省	472	355	134	470	99.6
経済産業省	874	240	48	563	64.4
国土交通省	1,198	513	232	1,076	89.8
環境省	92	33	18	65	70.7
合計	7,564	3,021	974	5,698	75.3

（注）　1　各府省の立入検査の頻度は、年1回、2年に1回、3年に1回など、府省ごとの実施計画によりそれぞれ差異がある。
　　　 2　立入検査の検査基準等は、各府省が申合せに基づき、それぞれの実情に応じて定めており、改善すべき点の有無についても各府省がそれぞれ判断を行っている。
　　　 3　所管公益法人数及び合計欄の各法人数は、共管による重複を含む延べ数である。

(参考) 公益法人の全体像

主要項目	合計値	平均値	メジアン
年間収入額	20兆3,818億円	7億8,262万円	5,968万円
会費収入額	1兆38億円	3,854万円	120万円
財産運用収入額	5,035億円	1,933万円	5万円
寄付金収入額	3,165億円	1,215万円	0万円
国からの補助金等収入額	4,334億円	1,664万円	0万円
都道府県からの補助金等収入額	4,556億円	1,749万円	0万円
民間助成団体からの補助金等収入額	1,541億円	592万円	0万円
その他の補助金等収入額	5,283億円	2,028万円	0万円
事業収入額	12兆4,286億円	4億7,723万円	1,391万円
前期繰越収支差額	2兆6,545億円	1億193万円	570万円
資産額	123兆9,981億円	47億6,128万円	1億595万円
負債額	105兆9,209億円	40億6,715万円	746万円
正味財産額	18兆766億円	6億9,410万円	6,883万円
基本財産額（財団法人のみ存在）	5兆191億円	3億8,107万円	5,200万円
年間支出額	20兆4,597億円	7億8,561万円	5,975万円
事業費	13兆9,850億円	5億3,700万円	3,072万円
管理費	1兆7,356億円	6,664万円	1,270万円
次期繰越収支差額	2兆5,764億円	9,893万円	624万円
民法上の社員（社団法人のみ存在）	1,478万9,076人	1,149人	150人
賛助会員等	4,054万6,753会員	5,782会員	52会員
理事数	41万2,758人	15.8人	13人
監事数	5万7,694人	2.2人	2人
職員数	56万6,422人	21.8人	3人
評議員数	29万183人	24.9人	15人

(注) 1　前期繰越収支差額は「(年間支出額＋次期繰越収支差額)－年間収入額」による推定値。
　　 2　民法上の社員は社団法人のみ、基本財産額は財団法人のみについて計算したもの。

<参考資料2>

【事業種類別法人数】

	合　計	割合(%)	国　所　管 社　団	国　所　管 財　団	都道府県所管 社　団	都道府県所管 財　団
延べ法人数	27,112	—	4,101	3,581	9,147	10,283
振興・奨励の小計	13,178	48.6	859	2,250	3,599	6,470
振興	5,854	21.6	480	526	2,362	2,486
助成・給付	4,602	17.0	147	1,262	552	2,641
貸与	670	2.5	29	102	68	471
表彰	612	2.3	66	207	109	230
信用保証	166	0.6	31	20	21	94
その他の振興・奨励	1,274	4.7	106	133	487	548
指導・育成の小計	16,044	59.2	2,450	1,518	7,663	4,413
教育・訓練	2,803	10.3	406	356	1,148	893
相談	1,349	5.0	138	118	586	507
研修会・講習会	7,701	28.4	1,324	696	3,920	1,761
その他の指導・育成	4,191	15.5	582	348	2,009	1,252
調査・研究の小計	11,986	44.2	3,261	2,453	3,704	2,568
研究	4,609	17.0	1,348	1,056	1,236	969
情報の収集	2,588	9.5	710	456	885	537
情報資料の作成	1,177	4.3	365	289	297	226
その他の情報・研究	3,612	13.3	838	652	1,286	836
普及・広報の小計	8,281	30.5	2,476	1,335	2,473	1,997
普及	4,802	17.7	1,467	662	1,439	1,234
雑誌・図書出版	1,005	3.7	364	341	125	175
説明会	209	0.8	118	13	58	20
その他の普及・広報	2,265	8.4	527	319	851	568
検査・検定の小計	964	3.6	194	266	274	230
検査・検定	569	2.1	77	144	191	157
資格の付与指定	155	0.6	80	44	21	10
証明	105	0.4	19	45	24	17
その他の検査・検定	135	0.5	18	33	38	46
交流の小計	2,713	10.0	543	695	964	511
連絡	307	1.1	100	31	132	44
国内交流	516	1.9	84	68	277	87
国際交流	1,365	5.0	320	548	242	255
その他の交流	525	1.9	39	48	313	125

共済の小計	1,032	3.8	68	77	424	463
共同・共済	585	2.2	44	36	199	306
補償	185	0.7	13	17	108	47
その他の共済	262	1.0	11	24	117	110
施設の運営の小計	6,856	25.3	184	651	844	5,177
会館・施設の建設	419	1.5	36	57	73	253
会館・施設の管理	3,378	12.5	56	226	381	2,715
会館・施設の貸与	769	2.8	30	66	132	541
会館・施設の公開	431	1.6	2	51	22	356
その他の施設の運営	1,859	6.9	60	251	236	1,312
そ　の　他	2,152	7.9	228	183	953	788
合　　計	63,206	—	10,263	9,428	20,898	22,617

（注）割合は、延べ法人数に対する百分率。

<参考資料3>

【税法上の収益事業種類別法人数】

	社 団	財 団	合 計
物 品 販 売 業	992	1,275	2,267
不 動 産 販 売 業	10	21	31
金 銭 貸 付 業	14	57	71
物 品 貸 付 業	33	84	117
不 動 産 貸 付 業	480	720	1,200
製 造 業	31	50	81
通 信 業	12	31	43
運 送 業	9	15	24
倉 庫 業	1	5	6
請 負 業	1,104	1,069	2,173
印 刷 業	22	18	40
出 版 業	556	541	1,097
写 真 業	12	30	42
席 貸 業	113	301	414
旅 館 業	52	498	550
飲 食 店 業	65	368	433
周 旋 業	78	51	129
代 理 業	803	81	884
仲 立 業	33	19	52
問 屋 業	6	7	13
鉱 業	2	0	2
土 石 採 取 業	7	4	11
浴 場 業	5	56	61
理 容 業	1	1	2
美 容 業	0	1	1
興 行 業	79	294	373
遊 技 所 業	45	81	126
遊 覧 所 業	5	39	44
医 療 保 健 業	451	339	790
技 芸 教 授 業	103	211	314
駐 車 場 業	104	352	456
信 用 保 証 業	12	13	25
無 体 財 産 提 供 業	45	54	99
合 計	5,285	6,686	11,971

<参考資料4>

【公益法人の年間収入構成】

(百万円)

		会費収入	財産運用収入	寄附・補助金等収入	事業収入	その他の収入	合　計
国所管	社団	406,230	71,599	331,447	2,663,947	291,772	3,764,992
	財団	237,917	244,676	721,339	4,896,596	1,883,309	7,984,250
都道府県所管	社団	240,097	37,090	251,132	1,210,906	531,016	2,270,241
	財団	137,650	165,286	693,069	4,031,061	1,503,466	6,531,924
合　計		1,020,190	518,503	1,991,809	12,718,042	4,199,830	20,450,176
比率(%)		5.0	2.5	9.7	62.2	20.5	100.0
前年合計		1,042,654	507,555	1,996,608	12,695,141	4,120,656	20,362,519

<参考資料5>
【行政委託型法人等が実施する事務・事業】

1　委託等

	指定条項数	主　な　事　例
①試験	47	試験
②講習研修	28	講習（会）、研修、養成、教習
③登録	24	登録、記録
④交付表示	10	交付、公示、表示、貼付
⑤検査検定	81	検査、検定、確認、認定、証明、審査、認証、校正等
⑥助成	17	資金援助、貸付、助成金交付、債務保証、債務弁済、共済事業
⑦調査研究	33	調査、研究、情報収集・提供
⑧促進啓発	16	促進、啓発、広報、援助
⑨指導助言	11	指導、助言、相談
⑩その他	35	

2　推薦等

	指定条項数	主　な　事　例
①試験	15	試験
②審査証明	75	審査、証明、検査、承認、認定、査定、許可、評価、点検等
③講習研修	68	講習（会）、研修
④登録	7	登録
⑤その他	15	

（注）一つの指定条項により複数の事務・事業を規程しているものがあり、総指定条項数とは一致しない。

3 公益法人の概要

(1) 民法第34条(公益法人の設立)

民法第34条(公益法人の設立)の規定に基づいて設立された公益法人が主体で、法人税法の別表第二に掲げられている。

民法第34条は、「祭祀、宗教、慈善、学術、技術其他公益ニ関スル社団又ハ財団ニシテ営業ヲ目的トセサルモノハ主務官庁ノ許可ヲ得テ之ヲ法人ト為スコトヲ得」と規定している。

イ 社団法人

社団法人とは、特定の目的のために結合した人の集団に法人格を付与されたもので、主として、その人の集団(会員)からの会費収入を財源として公益事業が行われる。

具体的に社団とは、人(自然人のほか、法人が加わることもある)の集合体であるが、単なる人の集まりというのではなく、1つの団体としての組織とそれ自体の意思を有するということができる。つまり、社団とは、構成員の意思とは別個の団体としての意思を有する組織で、構成員の増減変動にかかわりなく存続し、1個の単一体として行動し、構成員の単なる横の結合でないという意味で、民法上の組合とは異なっている。

このような社団が、一定の公益目的のために組織され、主務官庁の許可を得て法人格が付与されることで民法上の社団法人となる。

≪社団法人の特徴≫
① 「社員」とよばれる構成員が存在すること。
② 社団法人と社員の関係、その他法人の基本的事項(代表の方法、総会の運営、財産の管理等)が定款により定められること。

③ 社員全体で構成される社員総会が最高の意思決定機関であること。

なお、以上のような特徴を備えながら、民法による公益法人としての許可又はその他の法律により法人格を付与されない団体は権利能力なき社団といっている。

ロ　財団法人

財団法人とは、特定の目的を達成するため独立した財産（基本財産）に法人格を付与されたもので、その保有する基本財産の果実を財源として公益事業が行われる。

ここで、基本財産とは、寄附行為又は定款で基本財産と定められた資産をいい、やむを得ない理由がある場合を除き、これを処分したり担保に供したりすることができないこととされており、果実を生み出すことのできる資産で、かつ、減価しない資産であることが望ましいとされている。

民法上の財団法人とは、一定の公益目的のために拠出された財産が、その財産拠出者の目的に従って管理運用され、目的達成できるよう、この財産に法人格を付与し独立の権利義務の主体となったものであり、財団法人の実体は一定の目的によって拘束される特別財産（基本財産）であるといえる。

なお、財団法人は社団法人と異なり、法人の構成員である社員がいないため、設立者が定めた寄附行為に従って運営されることになる。

≪財団法人の特徴≫
① 基本財産が存在し、これが独立の存在を持つこと。
② 基本財産の管理運用、その他基本的事項が設立者が定めた寄附行為に規定され、この規定に従って財産が運用されること。
③ 社員（団体の構成員）が存在しない。

(2) その他法律の規定に基づいて設立された公益法人

法人税法上の公益法人等とは、法人税法別表第二「公益法人等の表」に掲げる法人をいう(法2六)。

　本来、公益法人とは、民法34条の規定に基づき、「祭祀、宗教、慈善、学術、技芸その他公益に関する社団又は財団にして営利を目的とせざるもの」として設立された法人をいう。

　ここでいう公益とは、社会全般の利益すなわち不特定多数のものの利益を指し、その内部組織が人の集合体である場合は社団法人に、一定の目的のために結合された財産の集合体である場合は財団法人に区分される。

　また、公益法人が収益事業を行うことについての規定は、民法には設けられていないが、法務省民事局長代理回答では、法人の目的を達成するために、健全な運営を維持し、公益活動を行うための財源確保の手段として行われる範囲内において認められるとされている。

　具体的には、次に掲げるような法人をいう。(法人税法別表第二「公益法人等の表」参照)

① 宗教法人……………………………宗教法人法に基づいて設立したもの
② 学校法人……………………………私立学校法に基づいて設立したもの
③ 社団法人……………………………民法の規定に基づいて設立したもの
④ 財団法人……………………………民法の規定に基づいて設立したもの
⑤ 社会福祉法人………………………社会福祉法に基づいて設立したもの
⑥ 健康保険組合………………………健康保険法に基づいて設立したもの

　なお、農業協同組合連合会は法人税法別表第三に掲げられている協同組合等であるが、公的医療機関に該当する病院又は診療所を設置するもので次の要件を満たすものとして財務大臣が指定をしたものについては、公益法人等として取り扱うこととされている(法別表第二、令2の2①)。

　　(i) 当該農業協同組合連合会の営む事業は、農業協同組合法第10条第1項第11号又は当該事業及び同項第12号に掲げる事業に限る旨の定め

　　(ii) 当該農業協同組合連合会は、剰余金の配当(出資に係るものに限

る。）を行わない旨の定め
　(iii) 当該農業協同組合連合会が解散したときは、その残余財産が国若しくは地方公共団体又はイに規定する事業を営む他の農業協同組合連合会に帰属する旨の定め

イ　学校法人

　学校法人は、私立学校の設置を目的として、私立学校法の定めるところにより設立された法人をいう（私学法3）。

　また、学校とは、学校教育法に定める学校で、小学校、中学校、高等学校、中等教育学校、大学、高等専門学校、盲学校、聾学校、養護学校、幼稚園、私立専修学校及び私立各種学校をいう（学校教育法1）。

　なお、学校法人は、学校法人を設立しようとする者が、その設立を目的とする寄附行為をもって、目的、名称、教育課程、事務所の所在地、役員に関する規定等を定め、所轄庁の認可を受け、登記することによって設立される。

≪学校法人の所轄庁≫
① 文部科学大臣所轄
　(i) 私立学校（短大を含む）及び私立高等専門学校
　(ii) (i)に掲げる私立学校を設置する学校法人
　(iii) (i)に掲げる私立学校とイに掲げる私立学校以外の私立学校並びに私立専修学校及び私立各種学校とを併せて設置する学校法人
② 都道府県知事所轄
　(i) 私立大学（短大を含む）及び私立高等専門学校以外の私立学校並びに私立専修学校及び私立各種学校
　(ii) (i)に掲げる私立学校を設置する学校法人及び専修学校又は各種学校の設置のみを目的として設立された法人

（注）専修学校又は各種学校の設置のみを目的として設立された法人については準学校法人という。

ロ　宗教法人

　宗教法人は、宗教法人法で定める「宗教団体」が同法の規定に基づいた規則を作成し、その規則について所轄庁（主たる事務所を所轄する都道府県知事）の認証を受け、法人格を取得したものをいう（宗法4）。

　なお、宗教法人には、神社、寺院、教会などのように礼拝の施設を備える「単位宗教法人」があり、単位宗教法人のうち包括的宗教法人の傘下にある宗教法人を「被包括的宗教法人」という。

（注）宗教法人法で定める「宗教団体」とは、宗教の教義をひろめ、儀式行事を行い、及び信者を教化育成することを主たる目的とする次に掲げる団体をいう（宗法2）。

① 礼拝の施設を備える神社、寺院、教会、修道院その他これらに類する団体

② 先に掲げる団体を包括する教派、宗派、教団、教会、修道会、司教区その他これらに類する団体

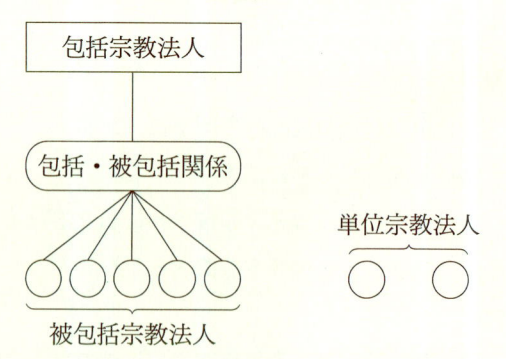

【宗教法人数】　　　　　　　　　　　　　　　　　　（平成12年12月現在）

所轄	区分 系統	包括宗教法人	単位宗教法人					合計
			被包括宗教法人			単位宗教法人	小計	
			文部科学大臣所轄包括宗教法人に包括されるもの	都道府県知事所轄包括宗教法人に包括されるもの	非法人包括宗教団体に包括されるもの			
文部科学大臣所轄	神道系	138	20	—	2	62	84	222
	仏教系	157	127	—	6	96	229	386
	キリスト教系	59	35	—	1	189	225	284
	諸教	30	19	—	0	44	63	93
	計	384	201	—	9	391	601	985
都道府県知事所轄	神道系	7	82,951	144	85	1,934	85,114	85,121
	仏教系	10	74,470	57	350	2,408	77,285	77,295
	キリスト教系	8	2,667	27	75	1,116	3,885	3,893
	諸教	1	15,001	2	5	356	15,364	15,365
	計	26	175,089	230	515	5,814	181,648	181,674
	計	410	175,290	230	524	6,205	182,249	182,659

ハ　社会福祉法人

　社会福祉法人は、社会福祉法の規定に基づき「社会福祉事業を行うことを目的としてこの法律の定めるところにより設立された法人」をいう（社福法22）。

　この社会福祉法人制度は、民間社会福祉事業の公共性と純粋性を確立するために、一般の公益法人とは違った組織の特別法人を創設したものであることから、社会福祉法人以外の者は、その名称中に「社会福祉法人」又はこれに類する文字を用いることは認められず、その名称の保護が行われている。

　なお、社会福祉法人は社会福祉事業を行うことを目的として設立されたもので、当然に社会福祉事業を行うこととなるわけであるが、この社会福祉事業については、社会福祉事業法において第一種社会福祉事業と第二種社会福

祉事業の2種類に分類されている。

⑶ **NPO法の創設に伴い、法人格を有することとなった非営利活動法人**

　特定非営利活動法人（non-profit organization：以下「NPO」という。）とは、特定非営利活動を行うことを主たる目的とした一定の要件を満たす団体として特定非営利活動促進法（以下「NPO法」という。）の定めるところにより設立された法人をいう。

　（注）平成18年公益法人改革により、社団法人又は財団法人に移行される。

　NPO法は、ボランティア団体や市民団体など、従来「任意団体」であった組織に「法人格」を与え、その活動を側面から支援することを目的として制定された。

　従来、公益を目的とする法人の規定は、民法上では「公益法人」の規定しかなく、「公益法人」、「学校法人」、「宗教法人」、「社会福祉法人」など以外の非営利組織体は、根拠法を持たないため、「任意団体」つまり「権利能力のない団体」としてしか活動ができなかった。

　このため、そのような非営利団体が活動上必要となる行為を行う際には、団体が責任の主体となることができず、預金口座の開設や契約などの場合には、個人である団体の代表者などの名義で行っていた。

　このような手続上の不便に加えて、活動資金として寄附や助成の依頼・申請に際しても法人格がないため社会的信用を得ることが難しく、任意団体では不自由なことが多かったことから、法人格を有しないことに起因する障害を解消し、NPOの健全な発展を促すためにNPO法は創設され、具体的な定めとしては次のようになっている。

　一　次のいずれにも該当する団体であって、営利を目的としないものであること。
　　イ　社員の資格の得喪に関して、不当な条件を付さないこと。

ロ　役員のうち報酬を受ける者の数が、役員総数の3分の1以下であること。
　二　その行う活動が次のいずれにも該当する団体であること。
　　イ　宗教の教義を広め、儀式行事を行い、及び信者を教化育成することを主たる目的とするものでないこと。
　　ロ　政治上の主義を推進し、支持し、又はこれに反対することを主たる目的とするものでないこと。
　　ハ　特定の公職（公職選挙法（昭和25年法律第100号）第3条に規定する公職をいう。以下同じ。）の候補者（当該候補者になろうとする者を含む。）若しくは、公職にある者又は政党を推薦し、支持し、又はこれらに反対することを目的とするものでないこと。

(4)　人格のない社団・民法上の任意組合

　法人税法上、人格のない社団等とは、法人でない社団又は財団で代表者又は管理人の定めがあるものをいう。例えば、PTAや政党、同業者団体、労働組合など法人格を有しない団体がこれに該当する。この人格のない社団等は、法人格はないが社会的には独立した団体として存在が認められていることから、法人税法上は法人とみなされ、公益法人等と同様に収益事業を含む場合に限り、その収益事業から生じた所得について各事業年度の所得に対する法人税が課され、収益事業から生じた所得以外の所得及び清算所得については法人税は課されないこととされている。

　また、人格のない社団等と民法上の任意組合の差異については、判別が実務上困難な場合があるが、次の表の内容を参考として、業務運営をすることが必要である。

判断項目	民法上の任意組合	人格のない社団等	判断のポイント
性格	二以上の当事者が出資をして共同の事業を営むことを約束する債権契約（組合契約）によって組成される一種の集合体をいう。その構成員は固定的、排他的であり、また、共有による持分権、業務執行権等を有する一方、無限責任を負うなど、組合の業務執行、財産権等について直接的な支配関係を有する（民667～）。	個人の単なる集合体ではなく、構成員の加入、脱退等の変遷にかかわらず、団体としての組織を有して統一された意思の下に構成員の個性を超えて活動する実態上の団体をいう。 （注）人格のない財団については省略	・特定事項のみによって判定することなく、総合的に観察してその性格を判定する。
内部規約	特定の当事者間において契約の形式により定められる（構成員の加入、脱退を予定していることはまれである。）。	当事者を特定しない一般的規範（定款、規約等）の形式により定められる（構成員の加入、脱退を予定していないものはまれである。）。	・当事者が特定的か不特定的か。 ・構成員は固定的か流動的か。
決議方法	各構成員が平等に一票の表決権を持ち、全組合員の過半数によって決する（民670）。	定款等に別段の定めがない限り、総会は構成員の過半数の出席で成立し、多数決により決する。	・全構成員の過半数か総会の過半数か。
業務執行	各構成員が直接的に業務を執行する。契約により業務執行を委任された構成員は、正当な事由なく辞任できず、解任もされない。解任の場合には他の構成員の全員一致が必要である（民672）。 なお、必ずしも代表者が定められているとは限らない。	構成員による総会が意思決定の最高権限を有する。業務執行は総会で選任された機関（理事会等）がこれに当たる。この場合、機関の長として必ず代表者が定められる。	・業務執行が構成員によって直接的に行われるか、総会で選任された機関によって行われるか。
対外関係	法人格がないことから、一般的に権利義務の主体となり得ないが、各構成員又は各業務執行者は単独で代理権を有するものと解されている。構成員は無限責任を負う。	代表権の帰属、制限等は社団法人に関する民法の規定（民44、45、52～57）の準用があると解されている。各構成員は定款等に定めのない限り有限責任である。	・無限責任か有限責任か。
財産の帰属関係	財産に対して各構成員は持分権は有するが、持分権を単独、かつ、任意に処分できないことから合有と解されている。	財産は全構成員の総有となり、各構成員は総会を通じてその管理に参画することはできるが、持分権は有しない。	・持分権があるかどうか。

〔関係法令等〕
法2八

4　公益事業と収益事業の課税関係

　公益法人を広義に解釈すると、「公益を目的とする事業を営む私法人」ということができ、公益を目的とする事業とは、「不特定多数の者の利益になる事業」、「社会全体の利益になる事業」ということであり、公益法人については本来、社会全体の利益を追求する法人であることから、無制限に課税されることはないが、一般の営利法人や個人事業者と競合関係にある所得（収益事業から生じる所得）については、課税の公平の見地から法人税が課税されることになる（制限納税義務）。

　ここでいう収益事業とは、世間一般にいわれる収益事業とは差異があり、法人税法上の要件を満たした収益事業のみが課税対象となる。

(1) 課税対象となる収益事業

　公益法人等の収益事業と法人税法上の収益事業並びに消費税の課税売上の関係を示すと概ね次のとおりとなる。

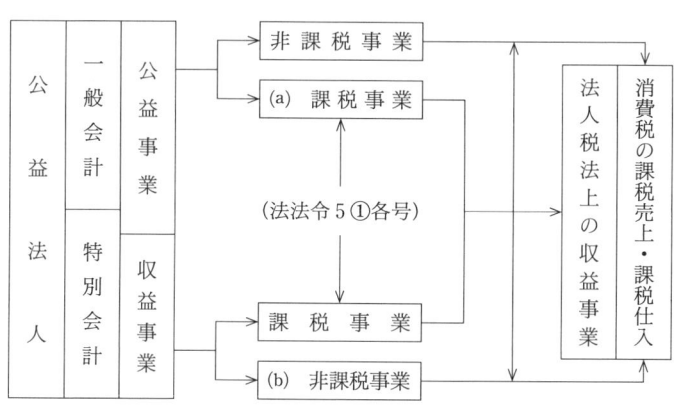

```
                  ┌─→ 非 課 税 事 業 ─────────────┐
公   一   公  ──┤                              法  消
益   般   益    └─→ (a) 課 税 事 業 ─────────┐  人  費
法   会   事                ↑                  │  税  税
人   計   業                │                  ├→ 法  の
              （法法令5①各号）                  │  上  課
        特   収                │                  │  の  税
        別   益                ↓                  │  収  売
        会   事  ──┌─→ 課 税 事 業 ───────┘  益  上
        計   業    │                              事  ・
                  └─→ (b) 非課税事業 ─────────┘  業  課
                                                       税
                                                       仕
                                                       入
```

　①　公益法人等の立場からは、公益事業として運営しているが、法人税法上は収益事業として課税される部分

② 公益法人等の立場からは、収益事業として運営しているが、法人税法上は非収益事業として課税されない部分

法人税法上の収益事業の要件は、販売業、製造業、その他政令（法法令5）で定められた事業で、事業場を設けて継続的に営まれるものとなっている（法法2⑬）。

なお、法法令で規定されている収益事業は次の33種の事業である。

①物品販売業、②不動産販売業、③金銭貸付業、④物品貸付業、⑤不動産貸付業、⑥製造業、⑦通信業、⑧運送業、⑨倉庫業、⑩請負業、⑪印刷業、⑫出版業、⑬写真業、⑭席貸業、⑮旅館業、⑯料理店業その他の飲食店業、⑰周旋業、⑱代理業、⑲仲立業、⑳問屋業、㉑鉱業、㉒土石採取業、㉓浴場業、㉔理容業、㉕美容業、㉖興行業、㉗遊技所業、㉘遊覧所業、㉙医療保健業、㉚技芸教授業、㉛駐車場業、㉜信用保証業、㉝無体財産権の提供業

ただし、限定列挙した33業種に該当すればすべてが課税対象となるわけではなく、一部については一定の要件のもとで非課税となっている。これら非課税項目を掲げると次のとおりである。

業　種	細　則	根拠法令・法人税基本通達
②不動産販売業	長期に保有していた土地の譲渡金（キャピタル・ゲイン）	15―1―12
③金銭貸付業	金銭貸付業に該当しない共済貸付け	15―1―15
⑤不動産貸付業	非課税とされる墳墓地の貸付け	15―1―18
	非課税とされる国等に対する不動産の貸付け	15―1―19
	非課税とされる住宅用地の貸付け	15―1―20
	低廉貸付けの判定	法規4の2 15―1―21
⑩請　負　業	実費弁償による事務処理の受託等	15―1―28
⑫出　版　業	特定の資格を有する者を会員とする法人が	15―1―32

		その会報その他これに準ずる出版物を主として会員に配するために行うもの	15―1―33
			15―1―34
			15―1―35
			15―1―36
⑭席　　貸　　業		非課税とされる会員などを対象とする席貸業	15―1―38の2
			15―1―38の3
⑮旅　　館　　業		公益法人の経営に係る学生寮	15―1―40
		低廉な宿泊施設	15―1―42
㉖興　　行　　業		常設の博物館、美術館、資料館等の取扱い	15―1―52
		慈善興行等	15―1―53
㉙医　療　保　健　業		日本赤十字社等が行う医療保健業	15―1―57
		病院における給食事業	15―1―58
		専ら学術研究を行う公益法人がその学術の研究に付随して行う医療保健業	15―1―59

(2) 収益事業における優遇措置

　法人税法上、収益事業を営む者に該当することになった公益法人等は、各事業年度ごとに、収益事業に係る所得を計算し、法人税額を納付することになるが、公益法人等の性格を考慮し、いわゆる普通法人に比べ、次の課税上の優遇措置が施されている。

項　　目 　　　　　　　　　法　　　人	公益法人等（収益事業）	普通法人
①各事業年度の法人税率	22%	22%・30%
②清算所得に対する法人税	なし	27.1%

　また、公益法人等が、収益事業部門から公益事業部門へ寄附金として付替支出した場合には収益事業部門の所得の計算上、課税上弊害がない限り、寄附金支出額控除前所得の20％を限度として（学校法人、社会福祉法人、更生保護法人等の場合は50％を限度として）損金算入が認められている。

　なお、普通法人についてはその事業年度が6ヵ月を超える場合には、事業年度開始の日から6ヵ月を経過した日から2ヵ月以内に中間申告をしなければならないが、公益法人等ではこの中間申告の必要はない。

公共法人・公益法人

公益法人等の区分			説　　明
国・地方公共団体	国・地方公共団体	一　般　会　計	
^	^	一般会計とみなされる特別会計	専ら、特別会計を設ける国又は地方公共団体の一般会計に対して資産の譲渡を行う特別会計。
^	^	特　別　会　計	
^	第三セクター等の特定法人［別表法人］・公益法人	①　＜特定法人＞ 　国・地方公共団体の管理下にあり、50％以上の出資法人。 　又は、これらの法人の100％出資の公社等の法人。	
^	^	②　①以外で国等以外に利益の分配等を行わない法人。	

平成17年10月31日

Ⅰ 公共・公益法人等の概要

等の分類と税務関係

法 人 税 等	消 費 税	備 考
非 課 税	申 告 不 要 非 課 税	
非 課 税	申 告 不 要 非 課 税 消費税60条①ただし書 消費税令72番①、②、③の規定する ○ 物品調査特別会計 ○ 自動車集中管理特別会計 ○ 地方公営企業事業会計 ○ 対価を得る資産の譲渡、貸付を行う事業特別会計など	
非 課 税	要 申 告 課 税 資産の譲渡、資産の貸付及び役務の提供については、国、地方公共団体の特別会計毎に一法人とみなして適用がある。 　国庫補助金、都道府県からの補助金等、他会計からの繰入金等は、課税対象外で「特定収入」とされる。 　また、簡易課税の適用等は民間企業と同じ。	
非 課 税	要 申 告 課 税 　国庫補助金、都道府県からの補助金等、他会計からの繰入金等は、課税対象外で「特定収入」とされる。 　また、簡易課税の適用等は民間企業と同じ。	
非 課 税	要 申 告 課 税 　国庫補助金、都道府県からの補助金等、他会計からの繰入金等は、課税対象外で「特定収入」とされる。 　また、簡易課税の適用等は民間企業と同じ。	

公共法人・公益法人

	公益法人等の区分	説　　明
公共法人	特定独立行政法人（法人税法別表１） 　国・地方公共団体が100％出費している法人。 　国立大学法人・国立病院機構を含む。	
	特定独立行政法人（法人税法別表２） 　国等以外の者に対して配当等を行わない法人。	
	特　殊　法　人 　法律により設立された郵政公社等	
人等	認　可　法　人 　民間等の関係者が設立当事者となって設立。 　日本銀行・預金保険機構等	
	民法条による設認可法人	財　団　法　人	
		社　団　法　人	

等の分類と税務関係

法 人 税 等	消 費 税	備 考
非　課　税	要　申　告 課　　税 　国庫補助金、都道府県からの補助金等、他会計からの繰入金等は、課税対象外で「特定収入」とされる。 　また、簡易課税の適用等は民間企業と同じ。	
非　課　税	要　申　告 課　　税 　国庫補助金、都道府県からの補助金等、他会計からの繰入金等は、課税対象外で「特定収入」とされる。 　また、簡易課税の適用等は民間企業と同じ。	
非　課　税	要　申　告 課　　税 　国庫補助金、都道府県からの補助金等、他会計からの繰入金等は、課税対象外で「特定収入」とされる。 　また、簡易課税の適用等は民間企業と同じ。	
課　　税	要　申　告 課　　税 　国庫補助金、都道府県からの補助金等、他会計からの繰入金等は、課税対象外で「特定収入」とされる。 　また、簡易課税の適用等は民間企業と同じ。	
収益事業には課税	要　申　告 　課税取引に対し課税 　資産の譲渡基本財産譲渡収入、有価証券売却収入等は非課税の特例がある。 　また、簡易課税の適用等は民間企業と同じ。	
収益事業には課税		

公共法人・公益法人

公益法人等の区分			説　明
公益法人等	社会福祉法人		
	医療法人	財団・持分の定めのない法人	
		それ以外	
	宗教法人		
	学校法人		
	労働組合 協同組合		

Ⅰ 公共・公益法人等の概要 45

等の分類と税務関係

法　人　税　等	消　費　税	備　　考
非　　課　　税 有料老人ホームの運営等の収益事業には課税	課税取引に対し課税 　資産の譲渡基本財産譲渡収入、有価証券売却収入等は非課税の特例がある。 　また、簡易課税の適用等は民間企業と同じ。	
非　　課　　税 収益事業には課税	課税取引に対し課税 　資産の譲渡基本財産譲渡収入、有価証券売却収入等は非課税の特例がある。 　また、簡易課税の適用等は民間企業と同じ。	
収益事業には課税	課税取引に対し課税 　また、簡易課税の適用等は民間企業と同じ。	
非　　課　　税 収益事業には課税	課税取引に対し課税 　資産の譲渡基本財産譲渡収入、有価証券売却収入等は非課税の特例がある。 　また、簡易課税の適用等は民間企業と同じ。	
非　　課　　税 収益事業には課税	課税取引に対し課税 　資産の譲渡基本財産譲渡収入、有価証券売却収入等は非課税の特例がある。 　また、簡易課税の適用等は民間企業と同じ。	
非　　課　　税 収益事業には課税	課税取引に対し課税 　資産の譲渡基本財産譲渡収入、有価証券売却収入等は非課税の特例がある。 　また、簡易課税の適用等は民間企業と同じ。	

公共法人・公益法人

		公益法人等の区分	説　　　明
そ の 他	N P O	国税庁認定　NPO	①　法人でない社団又は財団で代表者又は管理人の定めがあるもの。 ②　定款等の定めのあるもの。
		それ以外　NPO	①　法人でない社団又は財団で代表者又は管理人の定めがあるもの。 ②　定款等の定めのあるもの。
		人格にない社団等	①　法人でない社団又は財団で代表者又は管理人の定めがあるもの。 ②　定款等の定めのあるもの。
寄　附		特定公益増進法人	公共・公益法人のうち、主務大臣等の認定のある法人。

等の分類と税務関係

法 人 税 等	消 費 税	備 考
非　課　税 収益事業には課税	課税取引に対し課税 消費税表別表三に掲げる法人とみなされる。 　また、簡易課税の適用等は民間企業と同じ。	
非　課　税 収益事業には課税	課税取引に対し課税 　また、簡易課税の適用等は民間企業と同じ。	
非　課　税 収益事業には課税	課税取引に対し課税 　また、簡易課税の適用等は民間企業と同じ。	
—	—	法人、個人からの寄附金は、指定寄附金として扱われる。

II 収益事業の意義及び課税関係

1 収益事業の意義

　法人税法上、公益法人等が行う収益事業とされる範囲は、「販売業、製造業その他の政令で定める事業で、継続して事業場を設けて営まれるもの」をいう（法法2十三）。

　したがって、公共・公益法人等及び人格のない社団等が営む事業が収益事業に該当するかどうかは、その事業が、①先ず収益事業の対象となる事業に該当すること、②そして、継続して営まれること、③更には、事業場を設けて営まれることの三要件を満たす場合とされている。

　なお、収益事業の内容は、前掲のⅠの3を参照のこと

(1) 収益事業の対象事業

イ　特掲事業

　収益事業課税の対象となる販売業、製造業その他の事業は、法法令5条①に33の事業が特掲されており、いわゆる限定列挙の形式をとっている。

　　（注）収益事業の具体的内容は、前掲のⅠの3において説明している。
　　　　したがって、公益法人等がこれらの事業を行う場合には、たとえその事業が当該公益法人等の本来の目的たる事業であるときであっても、当該事業から生ずる所得については法人税が課されることとなる（法人税基通15-1-1）

ロ　委託契約等による事業

　収益事業課税の対象となる事業は、「継続して営まれるもの」であること

がその要件とされているから、一般的には、公益法人等自らが店舗、事務所、工場などを有して、直接、収益事業を営んでいる場合であるが、公益法人等が自らは店舗、事業所などを開設しないで、委託契約等により他の者にその収益事業に該当する事業を行わせて、これから歩合手数料等をとるという形で実質的に自ら収益事業を営んでいる場合、自らは表面に出ないとしても、実質的に自ら収益事業を営んでいると認められる場合には、これについても実質的に自ら収益事業を営んでいるものとして課税関係が生ずることとされている（法人税基通15－1－2）。

① 公益法人等が収益事業に該当する業務の全部又は一部を委託契約に基づいて他の者に行わせている場合

② 公益法人等が、収益事業に該当する事業を行うことを目的とする組合契約その他これに類する契約に基づいて当該事業に関する費用及び損失を負担し、又はその収益の分配を受けることとしているため、実質的に自ら当該事業を営んでいると認められる場合

③ 公益法人等がその財産の信託（合同運用信託、証券投資信託及び厚生年金基金契約等又は適格退職年金契約に係る信託を除く。）をしている場合において、当該信託に係る受託者における当該財産の運用に係る行為が法法令5条①各号に掲げる事業のいずれかに該当するときは課税関係が生ずることとなる。

ハ　共済事業

公益法人等がその構成員のためにいわゆる共済事業として行う事業については、当該事業の内容に応じてその全部又は一部が収益事業に該当するかどうかの判定をしなければならない（法人税基通15－1－3）。

「共済」とは、一定の団体の構成員が協力して助け合うこと、すなわち相互扶助を意味するが、一般に「保険」と同義語のように解されている向きがあるが、「保険業」が収益事業に特掲されていないことから、共済事業とい

えば、およそ保険業と同様に収益事業課税の対象とならないと誤解されている場合がある。

しかし、一口に共済事業といっても、その内容は様々であり、共済事業と言えば一律に収益事業課税の対象とならないというのではなく、その共済の目的や内容によって収益事業に該当するかどうかを判断されることとなる。

例えば、構成員相互に資金の融通を行うことを目的とする貸付共済は、一定の要件を満たす低利貸付けを除き「金銭貸付業」に、また構成員が団体生命保険などに加入することについてその事務の代行などを行う保険共済は「請負業」に該当し、いずれも収益事業課税の対象になるということである。

ニ 収益事業から除外されているもの

その事業が形式的には特掲事業に該当する場合であっても、一定の要件に該当するものについては、その公益性に着目して収益事業から除外することとしている（法法令5条①、②）。

具体的には、次に掲げる事業は、たとえ収益事業に該当する事業であっても収益事業課税の対象にしないというものである。

① 身体障害者等福祉事業

公益法人等（人格のない社団等を含まない。）が行う法法令5条①に掲げる事業のうちその事業に従事する身体障害者等がその事業に従事する者の総数の半数以上を占め、かつ、その事業がこれらの者の生活の保護に寄与しているもの。

なお、身体障害者等福祉事業に該当するかどうかを判定する場合に、その事業に従事する身体障害者等の数がその事業に従事する者の総数の半数以上を占めるかどうかは、その事業年度においてその事業に従事した者の延べ人数により判定し、身体障害者等のうちに一般の従業員に比して著しく勤務時間の短い者がいるとしても、その者については、通常

の勤務時間でその事業に従事するものとして判定を行うことができる（法人税基通15－1－8）。

② 母子及び寡婦福祉事業

　母子及び寡婦福祉法第6条第6項に規定する母子福祉団体が行う法法令5条①に掲げる事業のうち、寡婦福祉法施行令第6条1項各号に掲げる事業で一定のもの。

ホ　事業場を設けて営まれるものの意義

　法人税法上の収益事業は、継続して事業場を設けて営まれるものであることが要件の一つとされているが、ここでいう「事業場を設けて営まれるもの」というのは、事業活動にとって拠点となるべき場所があるという意味である。

　したがって、「事業場を設けて営まれるもの」には常時店舗、事業所等事業活動拠点となる一定の場所を設けてその事業を営むもののほか、必要に応じて随時その事業活動のための場所を設け、又は既存の施設を利用してその事業活動を行うものが含まれ、移動販売、移動演劇興行等のようにその事業活動を行う場所が転々と移動するものであっても「事業場を設けて営まれるもの」に該当するものとして取り扱われることとされている（法人税基通15－1－4）。

ヘ　継続して営まれるものの意義

　法人税法上の収益事業は、継続して事業場を設けて営まれるものであることが要件の一つとされているが、これは継続事業から生じた所得、すなわち「事業所得」について課税するという趣旨である。この場合、事業が継続して営まれるかどうかの判断については、各事業年度の全期間を通じて継続的に事業活動を行うものがこれに当たることはいうまでもないが、事業の種類や性質によって事業活動のサイクルがいろいろ違うので、たとえ外見上は事

業年度の全期間を通じて事業活動が継続していないものであっても、その性質上、全体として継続性があると認められるときは、同じく継続して営まれるものに該当するという考え方がとられている。

そこで、「継続して営まれるもの」には、例えば次のようなものが含まれる(法人税基通15-1-5)。

① 準備期間が相当期間にわたる事業

　　土地の造成及び分譲、全集又は事典の出版のように、通常一の事業計画に基づく事業の遂行に相当期間を要するもの

② 毎年一定時期に行われる事業

　　海水浴場における席貸し等又は縁日における物品販売のように、通常相当期間にわたって継続して行われるもの又は定期的に、若しくは不定期に反復して行われるもの

③ 類似事業を同時に営む場合

　　公益法人等が法法令第5条①各号≪収益事業の範囲≫に掲げる事業のいずれかに該当する事業（特掲事業）とこれに類似する事業で特掲事業に該当しないものとを営んでいる場合には、その営む特掲事業が継続に営まれているかどうかは、これらの事業が全体として継続して営まれているかどうかを勘案して判断される。

ト　付随行為の意義

　法人税法上、収益事業に該当するのは特掲事業に限られているが、公益法人等がこれらの収益事業を営むに当たり、「その性質上その事業に付随して行われる行為（付随行為）」は収益事業に含まれることとなっている(法法令5条①かっこ書)。

　ここでいう付随行為とは次に掲げる行為のように、通常その収益事業に係る事業活動の一環として、又はこれに関連して行われる行為をいうこととされている(法人税基通15-1-6)。

① 出版業を営む公益法人等が行うその出版に係る業務に関係する講演会の開催又は当該業務に係る出版物に掲載する広告の引受け
② 技芸教授業を営む公益法人等が行うその技芸の教授に係る教科書その他これに類する教材の販売及びバザーの開催
③ 旅館業又は料理店業を営む公益法人等がその旅館等において行う会議等のための席貸し
④ 興行業を営む公益法人等が放送会社に対しその興行に係る催し物の放送をすることを許諾する行為
⑤ 公益法人等が収益事業から生じた所得を預金、有価証券等に運用する行為
⑥ 公益法人等が収益事業に属する固定資産等を処分する行為

なお、収益事業の所得の運用については、公益法人等が、当該預金、有価証券等のうち当該収益事業の運営のために通常必要と認められる金額に見合うもの以外のものについて収益事業以外の事業に属する資産として区分経理をしたときは、その区分経理に係る資産を運用する行為は、収益事業に付随して行われる行為に含めないことができることとされている。

ただし、この場合の区分経理をした金額については、法人税法第37条⑤≪公益法人等のみなし寄附金≫の規定の適用がある(法人税基通15－1－7)。

また、固定資産の処分損益のうち、一定の損益については付随行為とはされないこととされている(法人税基通15－2－10)。

2 収益事業の具体的範囲等について

(1) **物品販売業** (法法令5条①一)

収益事業課税の対象となる『物品販売業』とは、物品の販売を継続して事

業場を設けて営む場合をいうが、ここでいう物品には、「動植物その他通常物品といわないもの」の販売業も含むものとされている(法法令5条①一)。

イ　物品の範囲

① 販売の目的物である「物品」には、通常物品といわないものも含まれることとされているが、『通常物品といわないもの』には、動植物(例えば、植木やペット)、郵便切手、収入印紙、物品引換券のほか、輸血用の血液、人工受精用の動物等の精液、酵母菌等が含まれる。ただし、有価証券及び手形の売買を行う事業は、一般的には証券業又は金融業となり物品販売業には含まれない(法人税基通15−1−9(注))。

② いわゆる第一次産業のうち農業、林業及び漁業は特掲事業には含まれていないので、農林漁業を営む公益法人等が自己の栽培、採取、捕獲、飼育、繁殖、養殖その他これらに類する行為により取得した農産物、畜産物、水産物をそのまま特定の集荷業者等に売渡すだけの行為は、農林漁業に含まれる卸売りとしての行為であって物品販売業には該当しないが、当該農産物等に加工を加えて販売する行為や、加工を加えない場合であっても不特定多数の者に販売する行為は物品販売業に該当する(法人税基通15−1−9)。

③ 公益法人等が一定の時期又は一定の条件の下に販売する目的で特定の物品を取得し、これを保有するいわゆる備蓄事業等に係る業務は物品販売業に含まれる。

　また、公益法人等がその会員等に対して有償で物品の頒布を行っている場合であっても当該物品の頒布が当該物品の用途、頒布価額等からみて専ら会員等から、その事業規模等に応じて会費を徴収する手段として行われているものであると認められるときは、当該物品の頒布は、物品販売業に該当しない(法人税基通15−1−9(注))。

ロ　宗教法人の物品販売業

　宗教法人が信者や参詣人からいわゆるおさい銭や喜捨金を受ける行為は、特掲事業のいずれにも該当しないので、その収入は課税対象外になるのであるが、おさい銭や喜捨金の収入に合わせてお札やおみくじなどを交付したり、あるいは社務所や境内の売店等で種々の物品を有償で頒布する行為を行う場合には、これらの行為は物品販売と同様の経済的側面を有することから、これらの行為が物品販売業に該当するかどうかが問題となるが、形式的には物品の販売になるものであっても、一般の商店等でも販売できる性質のものを除き、課税の対象にはならないこととして取り扱われている。

　つまり、宗教法人がその宗教活動の一環として頒布する物品で、社会通念上崇敬の対象として認識されているようなもの、例えば、お守りやお札、おみくじなどは課税の対象としないが、一般の物品販売業者においても販売しているとか、通常、実用品又は装飾品などとしても使用できるようなもの、例えば、絵はがき、写真帳、暦、線香、ろうそく、供花などのほか、数珠、集印帳、硯、文鎮、メダル、キーホルダーなどを通常の販売価額で参拝人などに販売する場合には、物品販売業として課税の対象として取り扱われている（法人税基通15－1－10(1)）。

ハ　学校法人の物品販売業

　学校法人等が行う教育事業については、「技芸教授業」に該当するものでない限り、一般的には収益事業課税の対象とならないのであるが、たとえ非課税の教育事業を行う学校法人等であっても、次のような行為を行っている場合には、物品販売業として収益事業課税の対象として取り扱われる（法人税基通15－1－10(2)～(4)）。

　① 教科書その他これに類する教材以外の出版物の販売

　　（注）ここでいう「教科書その他これに類する教材」とは、教科書、参考書、問題集等であって、学校の指定に基づいて授業において教材として用いる

ために当該学校の先生、生徒等を対象として販売されるものをいう。
② ノート、筆記具などの文房具、生地、糸、食料品などの材料又はミシン、編物機械、厨房用品などの用具の販売
③ 制服、制帽等の販売

なお、学校法人等が行うバザーで年1、2回程度開催されるものについては、物品販売業に該当しないものとして取り扱われるが、「技芸教授業」を営む公益法人等がその技芸の教授に関連して行うバザーの開催は、収益事業の付随行為として課税の対象となる(法人税基通15-1-10(5)、15-1-6(2))。

ニ 非課税とされる物品販売業務等
　物品販売業のうち次のものは収益事業から除外されている(法法令5条①-イ～ト、規4)。
① 日本体育・学校健康センター法の規定による文部科学大臣の指定を受けた法人が行う学校給食用物資その他学校給食の用に供する物資で文部科学大臣の承認を受けたものの販売業
② 民法第34条の規定により設立された法人が行う児童福祉法に規定する児童福祉施設の児童の給食用の輸入脱脂粉乳で関税暫定措置法の軽減税率適用を受けたものの販売業
③ 農畜産業振興事業団が農畜産業振興事業団法並びに加工原料乳生産者補給金等暫定措置法に掲げる業務として行う物品販売業
④ 野菜供給安定基金が野菜生産出荷安定法の業務として行う物品販売業
⑤ 小規模企業者等設備導入資金助成法に規定する貸与機関が設備貸与事業として行う設備販売業
⑥ 塩事業法に規定する塩事業センターが業務として行う物品販売業
⑦ (独)新エネルギー・産業技術総合開発機構がアルコール事業法に掲げる業務及び同法附則に規定するアルコール(特定アルコールを除く。)

の販売を行う業務として行う物品販売業

⑧ 主要食糧の需給及び価格の安定に関する法律に規定する米穀安定供給確保支援機構が行う米穀(同法の規定に基づき貸し付けた資金の弁済として取得する米穀に限る。)の販売業

(2) **不動産販売業**

イ 不動産販売業の範囲

　公益法人等が土地(借地権を含む。)を譲渡するに当たって当該土地に集合住宅等を建築し、又は当該土地につき区画形質の変更を行った上でこれを分譲する行為は、原則として法人税施行令第5条第1項第2号(不動産販売業)の不動産販売業に該当するのであるが、当該土地が相当期間にわたり固定資産として保有されていたものであり、かつ、その建築又は変更から分譲に至る一連の行為が専ら当該土地の分譲を容易にするために行われたものであると認められる場合には、当該土地の譲渡は、不動産販売業に該当しないものとされている。

　ただし、その区画形質の変更により付加された価値に対応する部分の譲渡については、不動産販売業として収益事業課税の対象となる(法人税基通15-1-12)。

(注) 不動産の販売についてこのような取扱いがされているのは、公益法人等又は人格のない社団等が、収益事業に属する固定資産につき譲渡、除却その他の処分をした場合におけるその処分をしたことによる損益は、原則として収益事業に係る損益となるのであるが、「相当期間(少なくとも10年以上)にわたり固定資産として保有していた土地(借地権を含む。)、建物又は構築物につき譲渡(法人税施行令第138条第1項の規定の適用がある借地権の設定を含む。)」、「除却その他の処分をした場合におけるその処分をしたことによる損益」及び「収益事業の全部又は一部を廃止してその廃止に係る事業に属する固定資産につき譲渡、除却その他の処分をした場合におけるその処分をしたことによる損益」については、これを収益事業に係る損益に含めないことができるとされている(法人税基通15-2-10)ので、例えば、土地をそのまま不動産業者等に譲渡したような場合には、その譲渡利益は非課税になるのに対し

て、その処分をできるだけ有利にするため、当該土地について自ら区画形質の変更を加えて分譲等をした場合には、課税対象になるという不合理が生ずるからである。

　また、集合住宅等の建築をした上で分譲する場合の当該集合住宅等の譲渡利益についてはその全額が課税対象となることに注意する必要がある。

　なお、土地の分譲に代えて当該土地に借地権を設定した場合におけるその借地権の設定で、法人税施行令第138条第１項（借地権の設定等により地価が著しく低下する場合の土地等の帳簿価額の一部損金算入）の規定の適用があるものについても、同様に取り扱うこととされている（法人税基通15－１－12（注））ので、その借地権の設定行為に係る譲渡利益の額に相当する金額のうちキャピタル・ゲインに相当する金額は課税対象外になるのに対し、その設定行為につき当該規定の適用がない場合には、不動産の貸付行為とされるので、その貸付けが一定の要件を満たさない限り、後に述べる「不動産貸付業」として課税対象となる。

ロ　非課税とされる不動産販売業

　不動産販売業のうち次のものは収益事業から除外されている（法法令５条①二イ～ヘ）。

① 特定法人の行う不動産販売業

（注）この場合の特定法人とは、民法第34条の規定により設立された法人のうち、その出資金額若しくは拠出された金額の２分の１以上が地方公共団体により出資若しくは拠出をされている法人又はその出資金額若しくは拠出された金額の全額が当該法人により出資若しくは拠出をされている法人で、その業務が当該地方公共団体の管理の下に運営されているものをいうこととされており（法法令５条①二イ）、その業務が当該地方公共団体の管理の下に運営されているとは、その法人の事業計画及び資金計画の策定並びにその実施が当該法人の出資者たる地方公共団体の監督の下に行われ、かつ、予算及び決算について当該地方公共団体の承認を必要とするなど当該法人の業務運営が当該地方公共団体によって実質的に管理されていることをいう（法人税基通15－１－13）。

　　また、当該地方公共団体が当該法人の業務運営を管理していることについては、当該地方公共団体に確認を求めるものとされている（法人税基通15－１－13（注））。

② 日本勤労者住宅協会が日本勤労者住宅協会法の業務として行う不動産

販売業
③　農業者年金基金が農業者年金基金法の業務として行う不動産販売業
④　独立行政法人中小企業基盤整備機構が独立行政法人中小企業基盤整備機構法の業務として行う不動産販売業
⑤　民間都市開発の推進に関する特別措置法に規定する民間都市開発推進機構が同法の業務として行う不動産販売業
⑥　食品流通構造改善促進法に規定する食品流通構造改善促進機構が同法の業務として行う不動産販売業

⑶　金銭貸付業

　公益法人等又は人格のない社団等である法人の中には、金銭を第三者等に貸し付けて多額の運用益を得ている例があるが、このような金銭の貸付けについては、原則として金銭貸付業に該当し、収益事業課税の対象となる（法法令5条①三）。

　イ　金銭貸付業の範囲
　特掲事業としての金銭貸付業は、必ずしも不特定又は多数の者を対象とする金融業に限定されないので、特定又は少数の者に対する金銭の貸付けであっても、その貸付けが継続して行われている限りは、ここでいう金銭貸付業に含まれる。
　また、ここでいう「金銭の貸付け」には、手形の割引が含まれるが、公益法人等が余裕資金の運用として行ういわゆる有価証券の現先取引に係る行為はこれに含まれないものとされている（法人税基通15-1-14）。

　ロ　共済貸付け
　公益法人等がその構成員である組合員、会員等の拠出に係る資金を主たる原資とし、当該組合員、会員等を対象として還元的に金銭の貸付けを行うい

わゆる「共済貸付け」は、当該組合員、会員等が当該公益法人等を通じて相互に資金の融資を行っているだけであるともいえることから、その貸付金の金利がすべて年7.3％（ただし、平成16年1月1日以後の契約による貸付けについては、利子税の割合が年7.3％未満の場合は、当該利子税の割合）以下の低利貸付けである場合には、金銭貸付業には含まれないものとして取り扱うこととされている（法人税基通15-1-15）。

また、公益法人等がその従業員を対象として行う制度融資についても、福利厚生事業の一環として行われる貸付けであって、貸付利率がすべて年7.3％以下の低利である場合には、共済貸付けに準じて金銭貸付業に該当しないこととされている。

ハ　非課税とされる金銭貸付業

金銭貸付業のうち次のものは収益事業から除外されている（法法令5条①三イ～ヌ）。

① 　（独）農業・生物系特定産業技術研究機構が独立行政法人農業・生物系特定産業技術研究機構法に規定する業務として行う金銭貸付業

② 　（独）勤労者退職金共済機構が中小企業退職金共済法の平成14年改正法附則の規定に基づく業務として行う金銭貸付業

③ 　（独）中小企業基盤整備機構が独立行政法人基盤整備機構法に規定する業務及び日本政策投資銀行法附則第36条による改正前の地域振興整備公団法に規定する業務として行う金銭貸付業

④ 　所得税法施行令に規定する特定退職金共済団体が行う金銭貸付業

⑤ 　（独）農業者年金基金が独立行政法人農業者年金基金法附則の規定に基づく業務として行う金銭貸付業

⑥ 　（独）自動車事故対策機構が独立行政法人自動車事故対策機構法に規定する業務として行う金銭貸付業

⑦ 　（独）新エネルギー・産業技術総合開発機構が独立行政法人新エネル

ギー・産業技術総合開発機構法に規定する業務として行う金銭貸付業
⑧　民間都市開発推進機構が民間都市開発の推進に関する特別措置法に規定する業務として行う金銭貸付業
⑨　日本私学振興・共済事業団が日本私学振興・共済事業団法に規定する業務として行う金銭貸付業
⑩　小規模企業者等設備導入資金助成法に規定する貸与機関が同法に規定する設備資金貸付事業として行う金銭貸付業
⑪　（独）情報通信研究機構が独立行政法人情報通信研究機構法附則の規定に基づく業務として行う金銭貸付業
⑫　米穀安定供給確保支援機構が主要食糧の需給及び価格の安定に関する法律に規定する業務として行う金銭貸付業

(4)　**物品貸付業**（法法令5条①四）

　公益法人等又は人格のない社団等の中には、例えば、ヨットや自動車などの物品を貸して収益を得ている例が見受けられるが、このような場合、法人税法上、原則として収益事業である「物品貸付業」を営むものとして、これらの法人は法人税を納める義務が生ずることになる。

イ　物品貸付業の範囲

　物品の貸付けとは、その物品をその貸付けを受ける者の管理の下に移して利用させることをいうのであるが、このような貸付けであっても、例えば、旅館において宿泊客を対象として麻雀用具、碁、将棋等の遊戯用具の貸付け、ゴルフ練習場におけるゴルフクラブ等の貸付け、スケート場におけるスケート靴の貸付け、遊園地におけるボートの貸付けなどのように旅館業、遊技所業等に係る施設内において使用される用具等の貸付けは、旅館業や遊技所業の本来の業務あるいは付随業務とされ、物品貸付業としての物品の貸付けには含まれない（法人税基通15－1－16）。

ロ　対象となる物品の範囲

　収益事業の対象となる「物品貸付業」とは、物品の貸付けを継続して事業場を設けて営む場合をいうが、ここにいう「物品」とは、動植物その他通常物品といわないものも含まれ、物品又は通常物品といわないものの範囲は、一般的には、物品販売業の場合と同様である。

　したがって、例えば船舶、植木等は含まれるが、不動産や有価証券は含まれないほか、有体動産でない、著作権、工業所有権、ノウハウ等の無体財産権もここでいう「通常物品といわないもの」には含まれない（法人税基通15－1－16(注)）。

　例えば、機械装置の貸付けを行う場合で、その機械装置による製造行為等に工業所有権等が設定されている場合において、その貸付けが有体動産である機械装置の貸付け又は無体財産権である工業所有権等の貸付けのいずれであるかは、その実態により判断することとなる。

　この場合には、いずれにしても物品貸付業又は無体財産権提供業（法法令5条①三十三）として収益事業に該当するが、国等に対する無体財産権の提供及び特定の法人が行う無体財産権の提供は収益事業に含まれないこととされているので、この意味において両者を区分する実益があることとなる。

ハ　非課税とされる物品の貸付け

　物品貸付業のうち次のものは収益事業から除外されている（法法令5条①四イ～ハ）。

① 　土地改良事業団体連合会が会員に対し土地改良法の事業として行う物品貸付業
② 　特定法人が農業者団体等に対し農業者団体等の行う農業又は林業の目的に供される土地の造成及び改良並びに耕うん整地その他の農作業のために行う物品貸付業
③ 　小規模企業者等設備導入資金助成法に規定する貸与機関が同法の設備

貸与事業として行う設備の貸付業

(5) **不動産貸付業** (法法令5条①五)

　公益法人等又は人格のない社団等である法人の中には、安定した収入を確保したいということなどから、土地を貸したり、会館の一部を貸したりして収入を得ている例が数多く見受けられるが、このような場合、原則として不動産貸付業として収益事業課税の対象となる。

イ　不動産貸付業の範囲

　不動産貸付業とは、不動産をその用途、用法に従って他の者に利用させ、対価を得る事業をいう。したがって、例えば、賃貸借契約に基づいて、建物の全部又は一部を他の者に使用させる行為のほか、店舗の一角を他の者に継続的に使用させるいわゆる、「ケース貸し」や広告などのために建物その他の建造物の屋上、壁面等を他の者に使用させる行為は、不動産貸付業に含まれる（法人税基通15—1—17）。

　また、不動産貸付業における不動産の貸付けは、不動産の全部又は一部に係る管理権をその利用者に移転して利用させるのに対し、例えば倉庫業者がその所有する倉庫を倉庫として使用させる行為は必ずしも不動産の管理権を移転するものではないため、ここにいう不動産の貸付けには含まれず倉庫業に該当する。

　席貸業、遊技所業、駐車場業とされる不動産の貸付けについても同様である（法人税基通15—1—17(注)）。

（注）このように貸付けの内容によって事業区分が異なったとしても、収益事業課税の対象となるのであるが、事業区分により、例えば、倉庫業及び駐車場業等については、これらの事業から生じた所得のすべてが課税の対象となるのに対して、不動産貸付業にあっては、国、地方公共団体に対する貸付け等は非課税となるなど、その事業区分により課税の範囲が異なるところにその区分をする意義がある。

ロ　非課税とされる不動産貸付業 (法法令5条①五、規4の2、4の3)

　不動産貸付業のうち次のものは収益事業から除外されている (法法令5①五イ～ヌ)。

①　特定法人が行う不動産貸付業
②　日本勤労者住宅協会が日本勤労者住宅協会法の業務として行う不動産貸付業
③　(独)農業者年金基金が農業者年金基金法の業務として行う不動産貸付業
④　(独)中小企業基盤整備機構が独立行政法人基盤整備機構法及び同法附則の規定に基づく業務として行う不動産販売業
⑤　民間都市開発推進機構が民間都市開発の推進に関する特別措置法の業務として行う不動産貸付業
⑥　食品流通構造改善促進機構が食品流通構造改善促進法の業務として行う不動産貸付業

ハ　非課税とされる墳墓地の貸付け

　宗教法人法第4条第2項に規定する宗教法人又は民法第34条の規定により設立された法人（財団法人及び社団法人）が行う墳墓地の貸付業は、収益事業には該当しない (法法令5①五ニ)。したがって、墳墓地の貸付業であっても、これらの法人以外の公益法人等（例えば、社会福祉法人）が行うものは、収益事業に該当する。

　また、純粋な墳墓地の使用料とは別に、その墳墓地の維持・管理のための料金を徴する場合、又はその分譲に当たり墓石業者からあっせん手数料等の支払いを受ける場合には、その実態により、請負業又は周旋業に該当する。

　なお、墳墓地の貸付けには、その使用期間に応じて継続的に地代その他の使用料を徴収する形態のほか、永代使用料として一定の金額を一括して徴収するいわゆる永代使用権を設定する行為も含まれるので、墳墓地の『分譲』

といわれる行為であっても、その契約内容が永代使用権の設定であれば墳墓地の貸付けに該当する(法人税基通15－1－18)。

ニ　非課税とされる国等に対する不動産の貸付け
　国又は地方公共団体に対し直接貸し付けられる不動産の貸付けは、収益事業に該当しない。この場合の「直接貸し付けられる」とは、国等によって直接使用されることを目的として当該国等に対し貸し付けられるものに限られるので、国等が直接使用しないで他に転貸されている場合、あるいは、最終使用者が国等であっても、国以外の者に貸し付けられたものが、さらに国等に貸し付けられている場合には、いずれも「直接貸し付けられる」ことにはならないので、ここにいう収益事業から除外される国等に対する不動産の貸付業には該当しない(法人税基通15－1－19)。

ホ　非課税とされる住宅用地の低廉貸付け
　次のいずれの要件をも満たす住宅用地の貸付けは、非課税とされる。
　①　面積要件
　　　「主として住宅の用に供される土地」とは、その床面積の2分の1以上が居住の用に供される家屋の敷地として使用されている土地のうちその面積が、当該家屋の床面積の10倍以下であるものをいうものとされている。したがって、その建物が店舗併用住宅である場合において、その床面積の2分の1を超えて居住用以外の用に供されているときは、その家屋の敷地は、「主として住宅の用に供されている土地」には該当しない(法人税基通15－1－20)。

　　　また、その家屋の床面積の10倍を超える土地を貸し付ける場合には、その土地の全部がここでいう「主として住宅の用に供される土地」には該当しないこととなる。
　②　金額要件

住宅用土地の貸付業が収益事業から除外されるための財務省令で定める要件は、貸付けの対価の額のうち、当該事業年度の貸付期間に係る収入金額の合計額が、当該貸付けに係る土地に課される固定資産税額及び都市計画税額で当該貸付期間に係るものの合計額に3を乗じて計算した金額以下であることとされている（法規4の2）。
この場合、

(i)　土地の貸付けが同条の要件に該当するかどうかは、それぞれの貸付けごとに判定する。

(ii)　同条に規定する貸付期間に係る収入金額は、当該期間につき経常的に収受する地代の額によるものとし、契約の締結、更新又は更改に伴って収受する権利金その他の一時金の額はこれに含めないものとする。

(iii)　同条に規定する固定資産税及び都市計画税の額は、当該土地に係る固定資産税又は都市計画税が特別に減免されている場合であっても、その減免がされなかったとした場合におけるこれらの税額によることとされている（法人税基通15－1－21）。

不動産貸付業のうち、「非課税となる住宅貸付け」を中心とした収益事業課税の概要

参考

法人税法及び同施行令

○「収益事業」
販売業、製造業その他の政令で定める事業で、継続して事業場を設けて営まれるものをいう(法2十三)。

○ 法人税法第2条第13号〈収益事業〉に規定する政令で定める事業は、次に掲げる事業(その性質上その事業に付随して行われる行為を含む。)とする(令5①一〜三十三)。
一 物品販売業
二 不動産販売業
三 略
…
五 不動産貸付業のうち次に掲げるもの以外のもの
…
三十二 信用保証業
三十三 無体財産権提供業
…
○「次に掲げるもの(非課税となるもの)」(令5①五)
イ〜ヘ
イ 特定法人が行うもの
ロ 日本勤労者住宅協会が行う一定のもの
ハ 社会福祉法人が行う一定のもの
ニ 宗教法人が行う募集地の貸付け
ホ 国又は地方公共団体に対して直接貸付け
ヘ 低廉な対価による住宅用地の貸付け
ト 民間都市開発推進機構が行う一定のもの
チ 農業者年金基金等が行う一定のもの
リ 食品流通構造改善促進機構が行う一定のもの
ヌ 商工会等が行う一定のもの

法人税基本通達等

【低廉な対価による住宅用地の貸付け】の要件

要件1　居住用家屋の敷地としての用
「床面積の2分の1以上が居住の用(貸家住宅は該当しない)に供されている家屋の敷地として貸付けられていること(基通15-1-20)

要件2　貸付面積の要件
「上記家屋の床面積の10倍以下であること」(基通15-1-20)

要件3　貸付対価の要件
「その土地に係る固定資産税額及び都市計画税額の3倍以下であること」(規4の2)

(注) 〔低廉〕か否かの判定は、
① 貸付地全体又は一筆の土地ごとに行うのでなく、個々の貸付けごとに行う。(基通15-1-21(1))
② 経常的に収受する地代以外の一時金の額でも、権利金に収受する一時金は含まない。(基通15-1-21(2))
③ 固定資産税に減免されている場合であっても、その減免がされなかったとした場合の税額による。(基通15-1-21(3))

法人税施行規則及び法人税基本通達等

1 【特別に減免】
該当するもの〈減免前の税額により計算する〉
[個別的事情により減免されているもの]
[内容]
天災その他特別の事情のある場合、市町村の条例により固定資産税を減免すること(地方税法第367条〈固定資産税の減免〉)
例1 その他特別の事情により固定資産税を減免することができる。
例2 地方税法第6条〈公益等に因る課税免除及び不均一課税〉
[内容]
地方団体は公益上その他の事由により、課税不適当と認める場合においては課税しないこと及び不均一の課税をすることができる。
例3 地方税法附則第16条第4項〈固定資産税の減額〉
[内容]
特定市街化区域農地の所有者等がその農地につき転用の届出後その土地上に貸家住宅を新築し、かつ、現に賃貸の用に供している場合にその農地等に係る固定資産税について3年分に限り2分の1減額する等

2 【特別に減免しないもの】
該当しないもの(減免後の税額として減免する)
[信用的制度として減免されているもの]
例1 固定資産税の課税標準を減額する特例
固定資産税の課税標準を住宅用地については本来の課税標準の3分の1、小規模住宅用地については6分の1とする。
例2 東京都都税条例附則第20条〈住宅用地に対する都市計画税の不均一課税〉
[内容]
小規模住宅用地に対する固定資産税及び都市計画税を2分の1とする。

(6) 製造業 (法法令5条①六)

　製造業とは、一般的には、自ら又は委託を受けて原材料等に加工を加え製品を製造して販売する事業をいい、電気又はガスの供給業、熱供給業及び物品の加工修理業も製造業に含まれる (法法令5条①六)。

イ　製造業の範囲

　農林業や漁業、水産養殖業などは、現行法上、収益事業に該当しないこととされているが、たとえ、農林業などを営む公益法人等であっても、その生産した農産物等について、製造場、作業場などの施設を設け、出荷のために最小限必要とされる簡易な加工の程度を超える加工を加え、あるいはその農産物等を原材料として物品を製造して卸売りする行為は製造業として課税されることとなる (法人税基通15—1—22)。

ロ　農産物等に加える加工の程度の範囲

　農産物等につき、出荷のために最小限必要とされる簡易な加工を加えてこれを出荷する場合には、製造業とはいわないのであるが、この場合の「出荷のために最小限必要とされる簡易な加工」の範囲については、旧措通54(1)—14（一次産品の例示）において例示されていた一次産品に該当する品目の表（P71〜73参照）が参考になると考えられる。すなわち、平成2年度改正前の旧租税特別措置法第54条の規定による中小企業等海外市場開拓準備金については、法人がその製造等の行為により取得した物品のうち、農林業等の産物で天然の形態かどうかについては、その産物に輸出のために最小限必要な簡易な加工を加えたものが含まれることとされており、この場合の簡易な加工に含まれる物品の範囲が別表として掲げられていた。

　出荷のための簡易な加工と輸出のための簡易な加工とは、ややその趣を異にする面がないではないが、実務上、両者を明確に区分することは困難であり、前掲旧通達に従って、その加工の程度が出荷のために最小限必要なもの

かどうかの判定をすることが現実的な取扱いではないかと考えられる。

　ハ　研究試作品等の販売

　公益法人等がその研究の成果に基づいて製作した試作品などを譲渡する場合において、その譲渡が反復又は継続して行われるなど、事業と認められるものであるときには、その製作及び譲渡は、「製造業」に該当する。

　元来、製造業というのは、反復又は継続して、原材料などに加工を加え、異種の製品を製造して卸売りする事業であると解されるから、公益法人等が自己の計画又は他人の委託に基づいて試験研究などを行っている場合に、たまたまその試験研究の成果に基づいて取得した物品を他に譲渡する場合があっても、そのこと自体が独立した製造業とは一般的にみられないが、その試験研究などの内容や規模によっては、その試験研究の事業に付随して、かなり大量に、かつ、反復、継続的に試作品などの譲渡が行われることもまま見受けられるところであり、そのようにその試作品などの譲渡行為が独立した事業と認められる程度になる場合には、収益事業として課税の対象になるものとして取り扱われる（法人税基通15－1－23）。

　例えば、産業廃棄物や核燃料の再処理などについて試験研究を行っている公益法人等がその処理作業の過程において生ずるエネルギーを利用して熱供給や電力供給の事業を行うといった場合には、その規模が独立した事業といえる程度のものであれば、製造業として収益事業の対象になることとなる。

　　（参考）　旧租税特別措置法関係通達54(1)―14（一次産品の例示）

　　　　　旧措置法第54条第2項第2号かっこ書により、当該法人の製造等により取得した物品から除かれる一次産品とは、おおむね次表に掲げる品目が該当する。

　　　　　ただし、これらの品目であっても気密容器入りのものは一次産品に該当しない。

　　　　（注）気密容器とは、容器の内圧と外圧とが異なっても空気を完全に遮断で

きる容器をいい、次のような容器がこれに該当する。

かん………巻締め又は鑵付けしたもの

びん………ガラス製、プラスチック製又は金属製のびんで、①すり合わせのある共ぶたがあり、封ろうによりシールしたもの、②コルク、柔軟なプラスチック、ゴム等の完全なパッキングを有する王冠又はスクリューキャップ（簡単にスクリューが緩まないようにしてあるもの。）のあるもの及び③コルクせん又はゴムせんを有し、簡単にそのせんが抜けないもの

つぼ………封ろうによりシールしたもの

チューブ…金属又はプラスチック製のチューブでコルク、柔軟なプラスチック又はゴム等の完全なパッキングのあるスクリューキャップ付きのもの又は切断して内容物を出すタイプのもの

袋…………アルミフォイルその他の金属はくの袋で、防湿セロファン、プラスチックフィルム等をはり合わせて融着シールしてあるもの

輸出統計品目番号	品　　　　　目
001―全部 941― 0 全部	動物 （生きているもの）
011―全部	鳥獣肉類（生鮮、冷蔵又は冷凍のもの）
012―全部	鳥獣肉類（乾燥、塩蔵、塩水づけ又はくん製のもの）
025―全部	鳥卵
031―全部	魚介類（生鮮、冷蔵、冷凍、塩水づけ、乾燥又はくん製のもの）
032―051	かつを節その他の魚節
032―091	あわび（水煮し、乾燥したもの）
045―全部	小麦、米、大麦、はだか麦、とうもろこし以外の穀物（粉砕していないもの）
048―119	穀物（ロールにかけフレーク状にし、又は研磨したものその他これらに類する加工をしたもの）及び穀物のはい芽
051―全部	果実（生鮮のもの）及び採油用以外のナット（生鮮又は乾燥のもの）
052―全部	乾燥果実（人工脱水したものを含む。）
053―971	梅ぼし
053―972	梅づけ
054―全部	野菜（生鮮又は冷凍のもの及び単に貯蔵したもの）（乾燥した豆を含む。）及び根茎類その他の食用の植物性生産品

輸出統計品目番号	品目
055―1全部	乾燥野菜（豆を除く。）（例）しいたけ等
055―4全部	ばれいしょ、果実又は植物の粉及びフレーク（サゴ、タピオカその他これらに類するでんぷんの調整食料品を含む。）
055―511	らっきょう（食酢又は酢酸で調製したもの）
055―561	しょうがづけ
055―562	福神づけ
055―563	たくあんづけ
055―569	つけもの（しょうがづけ、福神づけ、たくあんづけ以外のもの）
055―599	野菜（貯蔵し、又は調整したもの）
061―600	天然はちみつ
074―全部	茶及びマテ
075―全部	香辛料
081―一部	飼料（粉砕していない穀物を除く。）。ただし、ペットフード（081―991）を除く。
091―3全部	豚脂及び家きん脂
211―全部	原皮（仕上げをしていないもの）
212―全部	毛皮（仕上げをしていないもの）
221―全部	採油用の種、ナット及び核
241―全部	薪材及び木炭
242―全部	丸太及びそま角その他の素材
261―全部	繭、くず繭、フリゾン、絹糸くず、シルクノイル及び生糸（よっていないもの）
273―全部	石及び砂
274―全部	硫黄及び硫化鉄鉱（焼いていないもの）
275―全部	天然研磨材料（工業用ダイヤモンド（天然のもので加工していないもの）を含む。）
276―全部	その他の鉱物（粗のもの）
281―全部	鉄鉱（精鉱を含む。）
283―全部	非鉄卑金属鉱（精鉱を含む。）
291―1全部	骨、きば、角、ひづめ、つめその他これらに類するもの
291―9全部	その他の動物性生産品（例）豚毛、羽毛等
292―1全部	植物性の染色材料及びタンニン材料
292―2全部	ラック、ガム、樹脂（ロジンを除く。）ガムレジン及びバルサム

Ⅱ　収益事業の意義及び課税関係　73

輸出統計品目番号	品　　　　目
292―3 全部	植物性組物材料（例）竹等
292―4 全部	その他の植物及びその部分（主として香料用、医薬用、殺虫用、殺菌用その他これらに類する用途に供するもの）
292―5 全部	繁殖用の種、果実及び胞子
292―6 全部	栽培用の塊根及び地下茎並びに生きている樹木、根、さし穂、つぎ穂その他の植物
292―7 全部	切花、植物の葉、枝その他の部分、こけ、地衣及び草（花束用又は装飾用に適するもの）
292―9 一部	その他の植物性生産品（寒天、へちま、食用干のり、干こんぶその他の植物性生産品）。ただし、除虫菊エキス（292―931）を除く。
321―全部	石炭、コークス及びれん炭
411―一部	動物性油脂。ただし、精油を除く。（例）鯨油等
667―1 全部	真珠（製品を除く。）

（注）1　精油とは、脱酸、脱色、脱臭、水添、硫化、重合その他これらに類する加工をしたものをいう。

(7)　通信業 <small>(法法令5条①七)</small>

　通信業（放送業を含む。）とは、他人の通信を媒介若しくは介助し、又は通信設備を他人の通信の用に供する事業及び多数の者によって直接受信される通信の送信を行う事業をいう。

　したがって、例えば、無線呼出業務や電報又は郵便物の集配業務などは、当然これに該当するほか、漁業無線局などもこれに該当する。

　また「公衆電話サービス業務」は、電話による他人の通信を介助する事業にほかならないから、その性質において通信業に当たり、共同アンテナの保守、管理を行う「共同聴取聴視業務」も、テレビやラジオの難視聴地域などにおいて共同アンテナを建設し、その保守、管理を行うことを目的とする事業であり、いったん放送を受信した上で再送信を行う「放送業」にほかならないから、同じく通信業として収益事業に該当するものとされている<small>(法人税基通15―1―24)</small>。

(8) 運送業 (法法令5条①八)

　一般に運送業とは、他の者の委託に基づき、船舶、航空機、自動車、電車その他の運輸交通手段を利用して貨物や旅客を運搬する事業をいう。

　したがって、山岳地帯や観光地帯などにおけるリフト、ロープウェイなどの「索道事業」も運送業に含まれる。

　他方、自動車専用道路を有料で利用させる「自動車道事業」、船舶やはしけなどによる水上運輸のために水路を提供する「運河業」、あるいは船舶貨物の積み降ろしなどのために桟橋を利用させる「桟橋業」などは、いずれも運送に付帯する事業ではあるが、貨物や旅客を運搬する業務そのものではないのでこれらの「自動車道事業」「運河業」「桟橋業」などはいずれも収益事業である運送業には含まれないこととされている（法人税基通15－1－25）。

(9) 倉庫業 (法法令5条①九)

　収益事業の対象となる「倉庫業」には、「寄託を受けた物品を保管する業」が含まれることとされている。したがって、手荷物や自転車などを預かることを内容とする事業や、保護預り施設による物品の預り業などは、いずれもここでいう「倉庫業」に該当することとなる（法人税基通15－1－26）。

　しかし、貸金庫や貸ロッカーなどを利用させる契約は、一般に保護函契約と呼ばれる特殊な賃貸借契約であって、その貸金庫又は貸ロッカーなどの保護函そのものの貸付けであると解されるところから、このようないわゆる「貸金庫業」や「貸ロッカー業」などの事業は収益事業に当たるとしても、倉庫業ではなく「物品貸付業」ということとなる。

(10) 請負業 (法法令5条①十)

　一般的に「請負」とは、当事者の一方（請負人）がある仕事の完成を約し、相手方（注文者）がこれに対して報酬を支払う契約をいうものとされているが、法人税法上の「請負業」には、「事務処理の委託を受ける業」が含

まれることとされている(法法令5条①十)ため、請負業の範囲はきわめて広いということができる。

イ　請負業の範囲

　収益事業の対象となる「請負業」には、事務処理の委託を受ける業が含まれるから、他の者の委託に基づいて行う調査、研究、情報の収集及び提供、手形交換、為替業務、検査、一定の検定等の事業が含まれることとされている。

　しかも、その請負又は受託の相手方（受託者）が誰であるかは問わないこととされているから、国や地方公共団体などの委託に基づいて行う調査、研究、情報の収集及び提供、手形交換、為替業務、検査、検定等の事業であっても、現行法上は請負業として課税の対象になることに注意する必要がある(法人税基通15-1-27)。

　なお、ここでいう「他の者の委託に基づいて行う……情報収集及び提供」については、その範囲はかなり広いので、例えば不動産情報、科学技術情報、経済情報、気象情報その他の情報の収集及び提供を行う事業は、いずれもこれに該当して収益事業課税の対象となる。

　このように、請負業の範囲が広いということになると、例えば、農産物の原産地証明書の交付などの業務も請負業に該当するのではないかという疑義を持つが、そのような単に知っている事実を証明するだけの行為は、請負ないしは事務処理の委託を受ける業とはいえないので、このようなものは収益事業に該当しないこととされている(同通達)。

ロ　非課税とされる請負業

　請負業のうち次に掲げるものは収益事業から除外されている(法法令5条①十イ～ハ)。

　①　法令の規定に基づき国又は地方公共団体の事務処理を委託された法人

の行うその委託に係るもので、その委託の対価がその事務処理のために必要な費用を超えないことが法令の規定により明らかなこと、その他の財務省令で定める要件を備えるもの
② 土地改良事業団体連合会が会員又は国若しくは都道府県に対し土地改良法の事業として行う請負業
③ 特定法人が農業者団体等に対し農業者団体等の行う農業又は林業の目的に供される土地の造成及び改良並びに耕うん整地その他の農作業のために行う請負業
④ 私立学校法第3条に規定する学校法人が、その設置している大学に対する他の者の委託を受けて行う研究に係るもの

ハ 事務処理の委託を受ける業で収益事業に該当しないものの要件 (規4の4)
上記(2)の財務省令で定める要件は、次のとおりである。
① その委託の対価がその事務処理のために必要な費用を超えないことが法令の規定により明らかなこと。
② その委託の対価がその事務処理のために必要な費用を超えるに至った場合には、法令の規定により、その超える金額を委託者又はそれに代わるべき者として主務大臣の指定する者に支出することとされていること。
③ その委託が法令の規定に従って行われていること。
　　また、実費弁償による事務処理の委託等については、収益事業の対象としない旨、法人税基本通達15—1—28により別途規定されている。

ニ 請負業と他の特掲事業との関係
請負業以外の特掲事業（例えば、運送業や倉庫業、あるいは、写真業、周旋業、代理業、仲立業等）の中にも、その事業内容には請負業的な性格が混入しているものがある。

Ⅱ　収益事業の意義及び課税関係　77

　そこで、収益事業の判定に当たり、請負業以外の事業で請負業的な性格を有しているものについては、当該事業に課税上の限定や非課税規定が置かれているため、これにより改めて請負業として課税対象となるかどうかが問題となるが、このような場合には、請負又は事務処理の性格を有している事業であっても、その事業が、その性格からみて、請負業以外に収益事業として特掲されている事業に該当するかどうかにより判定すべきものである場合、又は請負業以外の特掲事業と一体不可分のものとして課税すべきものであると認められるものである場合には、たとえその請負業以外の特掲事業に当たらないからといって、改めて請負業として課税対象とするというような解釈はとらないこととされている（法人税基通15－1－29）。

⑾　**印刷業**（法法令5条①十一）

　「印刷業」とは書籍、雑誌その他の印刷物を印刷することを請け負う事業をいうのであるが、この場合の「印刷」は、その印刷の種類、方法は問わないと解すべきであるから、通常の活字印刷業などのほか、謄写印刷業やタイプ孔版印刷業、更には文書、図面などをコピーする複写業などもこれに該当する。

　また、直接の印刷行為だけでなく、印刷に関連してこれと一体不可分の事業として行われる製版業、植字業、鉛版等製造業、銅版又は木版彫刻業、製本業、印刷物加工業なども、ここでいう印刷業に含まれることとされている（法人税基通15－1－30）。

⑿　**出版業**（法法令5①十二）

　出版業とは、一般的には、書籍、雑誌、新聞等の出版物を制作して販売する事業などをいうが、「特定の資格を有するものを会員とする法人がその会報その他これに準ずる出版物を主として会員に配布するために行うもの」及び「学術、慈善その他公益を目的とする法人がその目的を達成するため会報

を専らその会員に配布するために行うもの」は出版業から除かれている(法法令5①十二)。

　この場合の出版物には、各種の名簿、統計数値、企業財務に関する情報等を印刷物として刷成して販売する事業も出版業に含まれる(法人税基通15－1－31)。

イ　非課税とされる出版業の要件
　①　特定の資格

　　　法人税法施行令第5条第1項第12号に規定する「特定の資格」とは、特別に定められた法律上の資格、特定の過去の経歴からする資格その他これらに準ずる資格をいうのであるから、単に①年齢、性別又は姓名が同じであること、②趣味又は嗜好が同じであること、③①又は②に準ずるものであることをもってその会員の資格とするような法人は、特定の資格を有するものを会員とする法人とはならない(法人税基通15－1－32)。
　　ここでいう「特別に定められた法律上の資格」とは、例えば、医師、弁護士、公認会計士等が該当する。また、「過去の経歴からする資格」とは、どこで生まれたか、どこの学校を出たか、どこに勤務したか、どこに勤務しているか等の経歴に由来する資格をいう。

　　　これに対し、思想、信条又は信教を同じくすることを会員の資格とするものは、前記③に該当し、ここでいう特別の資格を有するものを会員とする法人とは認められない。
　②　会報に準ずる出版物

　　　非課税の出版業であるかどうかの要件のうち「会報に準ずる出版物」とは、会報に代え又は会報に準じて出版される出版物で主として会員だけに必要とされる特殊な記事を内容とする出版物をいう。したがって、会員名簿又は会員の消息その他これに準ずるものを記事の内容とするものは会報に準ずるものに該当するが、いわゆる単行本、月刊誌のような

書店等において通常商品として販売されるものと同様な内容のものは、これに該当しない(法人税基通15－1－33)。
③ 「主として会員に配布するため」とは
　法人税法施行令第5条第1項第12号に規定する「主として会員に配布する」こととは、会報その他これに準ずる出版物を会員に配布することを目的として刷成し、その部数の大部分(8割程度)を会員に配布していることをいう。この場合において、会員でない者でその会に特別の関係を有する者に対して対価を受けないで配布した部数は、会員に配布したものとして取り扱う(法人税基通15－1－34)。
④ 「会報を専らその会員に配布するため」とは
　出版業のうち、学術、慈善、その他公益を目的とする法人がその目的を達成するため会報を専らその会員に配布するために行うものは、収益事業に該当しないものとされている(法法令5条①十二)が、この場合の「専らその会員に配布するため」とは、会報を会員だけに配布することをいう(法人税基通15－1－35)。

ロ　代価に代えて会費を徴収して行う出版物の発行
　公益法人等又は人格のない社団等の行う出版物の配布が収益事業としての「出版業」に係るものである場合において、その出版物の対価を会費等の名目で徴収していると認められるときは、その名目如何にかかわらず、その会費名目の金銭のうち、当該出版物の代価等相当額(会員以外の場合は、収受した金額)は、実質的に出版物の対価であるものとして収益事業の収益として課税の対象とすることとされている(法人税基通15－1－36)。

(13) **写真業** (法法令5条①十三)
　「写真業」とは、一般的に写真機を用いて他の者の写真を撮り、対価を得る事業をいうのであるが、必ずしも直接写真撮影を行う場合だけに限らな

いと解すべきであるから、他の者の撮影した写真フィルムの現像、焼付けなどを行う事業及びこれらの取次ぎを行う事業が含まれることとされている(法人税基通15－1－37)。

(14)　席貸業 (法法令5条①十四)

「席貸業」とは、一般的に席料等を徴収して、客室、集会場等の施設を随時、時間を区切って単にその場所を利用させるというかたちで貸し付けることを業とする事業をいう。

イ　席貸業の範囲

収益事業課税の対象となる「席貸し」は、席貸しのうち、「その貸付けを受けたものがその施設を不特定又は多数の者の娯楽、遊興又は慰安の用に供するためにその貸付けを受けるもの」のほか、「これ以外で国等の用に供するための席貸等一定のものを除いたすべての席貸業」が該当する (法法令5条①十四イ、ロ)。

したがって、その貸付けが不特定又は多数の者の娯楽、遊興又は慰安のためのものである場合には、国等に対する貸付けであっても収益事業に該当することになるので、その席貸しが娯楽等のためであるかどうかを区分する必要がある。

この場合、「娯楽等のための席貸し」であるかどうかは、その席貸しの相手方、目的、利用状況等により判断することになる。例えば、単なる会議や社内研修等のための席貸しはここでいう「娯楽のための席貸し」には該当しないが、芸能、スポーツその他の催し物や見せ物を企画、演出又は陳列してこれを不特定又は多数の者の観覧に供するいわゆる興行などは、その性質上、不特定又は多数の者の娯楽、遊興又は慰安を目的としているということができる。

また、例えば、美術展、写真展、彫刻展、書道展、絵画展や商品の展示即

売会等不特定又は多数の者に陳列物を観覧させることを目的とする展覧会等は、一般に、興行と同様の娯楽性、慰安性を有すると認められるので、これらの展覧会等のための席貸しは、娯楽等のための席貸しに該当する（法人税基通15－1－38）。

(注) 施設を利用させる行為であっても、その管理権を相手方に与え、長期にわたり断続して専用的に利用させる場合は不動産貸付業（法法令5条①五）に該当し、スポーツその他の遊技をする施設においてその遊技をさせるために不特定又は多数の者に利用させる場合は遊技所業（法法令5条①二十七）に該当することとなる。

ロ　非課税とされる席貸業

次に掲げる席貸業（不特定又は多数の者の娯楽等のための席貸しを除く。）は収益事業から除外されている（法法令5条①十四ロ(1)～(4)）。

① 　国又は地方公共団体の用に供するための席貸業
② 　社会福祉法第2条第1項に規定する社会福祉事業として行われる席貸業
③ 　学校法人、専修学校及び各種学校又は職業訓練法人がその主たる目的とする業務に関連して行う席貸業
④ 　その主たる目的とする業務に関連して行う席貸業で、当該法人の会員その他これに準ずる者の用に供するためのもののうちその利用の対価の額が実費の範囲を超えないもの

(15)　**旅館業**（法法令5条①十五）

旅館業法上の「旅館業」とは、ホテル営業、旅館営業、簡易宿泊所営業及び下宿営業をいう。

イ　旅館業の範囲

法人税法上の収益事業の対象となる旅館業には、宿泊料その他その実質が

宿泊料であると認められるものを受けて宿泊させる事業である以上、これらの営業が当然に含まれ、旅館業法による経営の許可を受けているかどうかは問わないこととされているので、例えば、宗教法人が宿泊施設を有し、信者又は参詣人を宿泊させて宿泊料を受けるような行為も、原則として旅館業に該当する（法人税基通15－1－39）。

ロ　非課税とされる旅館業
　収益事業の対象となる旅館業には、下宿営業のほか、旅館業法による許可を受けないで他人を宿泊させて宿泊料を受け取る事業が含まれるから、いわゆる学生寮や寄宿舎の経営も旅館業に該当することになるのであるが、学生又は生徒の就学を援助することを目的とする公益法人等の経営する寄宿舎等で一定の要件を満たすものについては、収益事業の対象としないこととしている。

①　公益法人等の経営に係る学生寮
　　学生又は生徒の就学を援助することを目的とする公益法人等の経営する学生寮のうち、地方税法施行令において固定資産税が非課税とされる要件に該当するものについては、旅館業に該当しないものとして取り扱うこととされている（法人税基通15－1－40）。
　　なお、地方税法における固定資産税の非課税要件は次のとおりである。
　(i)　専ら学校教育法第1条に規定する学校の学生又は生徒を入居させることを目的として設置されたものであること。
　(ii)　学生等の居室の用に供する部分の床面積の合計を当該寄宿舎の定員の数値で除して得た床面積が20平方メートルを超えないものであること。
　(iii)　寮費その他これに類する入居の対価が1月当たり35,000円を超えないこと。

(ⅳ) 当該寄宿舎の全部又は一部が旅館業法第2条第1項に規定する旅館業の用に供されているものでないこと。

② 学校法人等の経営する寄宿舎

　学校法人等専らその学校に在学する者を宿泊させるために行う寄宿舎の経営は、その性質上、本体の教育事業の付随行為にほかならないから、その教育事業が収益事業に該当しない限り、寄宿舎の経営についても非課税とすることが相当であり、また、この種の寄宿舎については、通常これにより利益が生ずるようなものが少ないと考えられることから、非課税としても弊害がないことから学校法人等が専らその学校に在学するものを宿泊させるために行う寄宿舎の経営は、学校事業の一環であることに鑑み、収益事業たる「旅館業」には該当しないものとされている（法人税基通15－1－41）。

　ただし、技芸教授業を営む公益法人等が、その技芸教授業に付随して行う寄宿舎の経営については、その対価の多寡にかかわらず、すべて旅館業として課税することとしている（法人税基通15－1－41ただし書）。

　したがって、仮にその寄宿舎経営について赤字が生じた場合には、その赤字は、本体の技芸教授業の所得と通算することができるということとなる。

ハ　低廉な宿泊施設

　公益法人等が経営する低廉な宿泊施設、例えば、労働組合における研修所、宗教法人における信者の参籠所のように、①その公益法人等の主たる目的とする公益的事業の遂行に関連してなされるもので、②その宿泊施設が多人数で共用する構造及び設備を主とし、③その利用料金がごく低廉（1泊1,000円（食事を提供するものについては、2食付きで1,500円以下）であるものについては、旅館業に該当しないものとして取り扱うこととされている）（法人税基通15－1－42）。

ただし、当該公益法人等の主たる事業が収益事業に該当する場合には、その事業の付随行為とされ、この取扱いの適用はない。

(16) 料理店業その他の飲食店業 (法法令5条①十六)

「料理店業その他の飲食店業」とは、不特定又は多数のものを対象として、飲食の提供に適する場所において飲食の提供を行う事業をいうのであるが、その提供する飲食物を自ら調理することは必ずしも要件ではないので、収益事業の対象となる料理店業その他の飲食店業には、他の調理業者などからの仕出しを受けて飲食を提供するものが含まれることとされている (法人税基通15−1−43)。その飲食を提供する場所の調理場等において他の者に調理させる場合も同様に取り扱われる。

なお、学校法人がその設置する小学校、中学校、盲学校等において、学校給食法等の規定に基づいて行う学校給食の事業は、飲食の提供を行う事業であるが、教育事業の一環として行われているものと理解されているので、その教育事業から切り離して独立した事業として取り扱うことは適当でないことから、ここでいう飲食店業には該当しないものとして取り扱われる (法人税基通15−1−43(注))。この場合の根拠法令には、「学校給食法」のほか、「夜間課程を置く高等学校における学校給食に関する法律」、「盲学校、聾学校及び養護学校の幼稚部及び高等部における学校給食に関する法律」などが含まれる。

(17) 周旋業、代理業、仲立業、問屋業 (法法令5条①十七〜二十)

周旋業 (法法令5条①十七)、代理業 (法法令5条①十八)、仲立業 (法法令5条①十九)、問屋業 (法法令5条①二十) は、いずれも他の者の行為の媒介、代理、取次等を行う事業であるが、その媒介、代理、取次等をする行為の内容等により法人税法上はそれぞれの事業に区分して収益事業を判定することとしている。しかしながら、他の者の行為の媒介、代理、取次等を行う事業は、これら4つの事

業のいずれかに該当するということで、課税上もそれで足りるのであるが、収益事業の判定に当たっては、33の事業を特掲し、できるだけ個々具体的にその解釈を明らかにするという方針が採られていることから、それぞれごとに範囲が定められている。

イ　周旋業の範囲

　周旋業とは、他の者のために商行為以外の行為の媒介、代理、取次ぎ等を行う事業をいうものとされている（法人税基通15−1−44）。

　商法上、自己の名をもって商行為を営業とする者は商人とされ、商人がその営業のためにする行為は商行為とされ、商人の行為はその営業のためにするものと推定されるので、結局周旋業とは、一般人が行う金融、売買、賃貸借などの契約の仲介又はあっせん、債権の取立て、就業や結婚の紹介等を行う事業、例えば、不動産仲介業、債権取立業、職業紹介所、結婚相談所等がこれに該当する。

ロ　代理業の範囲

　代理業とは、他の者のために商行為の代理を行う事業をいい、例えば、保険代理店、旅行代理店等がこれに該当する（法人税基通15−1−45）。

ハ　仲立業の範囲

　仲立業とは、他の者のために商行為の媒介を行う事業をいい、例えば、商品売買、用船契約又は金融（手形割引を含む。）等の仲介又はあっせんを行う事業がこれに該当する（法人税基通15−1−46）。

ニ　問屋業の範囲

　問屋業とは自己の名をもって他の者のために売買その他の行為を行う事業、いわゆる取次業をいい、例えば、商品取引員、出版取次業、広告代理店

等に係る事業がこれに該当する(法人税基通15−1−47)。

(18) **鉱業、土石採取業**(法法令5条①二十一、二十二)

　ここでいう「鉱業」とは、鉱業法による鉱業権者又は租鉱権者がその権原に基づいて鉱物の採掘を行う事業をいうものとされているが、法人税法上の「鉱業」は、鉱業法上の権原に基づくものに限られていないため、その範囲はかなり広いものとなっている。

　したがって、収益事業課税の対象となる「鉱業」には、請負契約により探鉱、坑道掘削、鉱石の搬出等の作業を行う事業のほか、自らは鉱業権者又は租鉱権者としての登録は受けていないが、鉱業権者又は租鉱権者である者との契約(いわゆるジョイントベンチャー契約)に基づいて鉱業経営に関する費用及び損失を負担し、採掘された鉱物(当該鉱物に係る収入を含む。)の配分を受けることとしているため、実質的に鉱業を営んでいると認められる場合におけるその事業が含まれる(法人税基通15−1−48)。

　また、土石採取業についても同様である。

(19) **浴場業**(法法令5条①二十三)

　一般に浴場業とは、不特定又は多数の者に対して入浴のサービスを提供してその対価を得る事業をいい、いわゆる公衆浴場業、温泉浴場業、鉱泉浴場業などはいずれもこの場合の浴場業に含まれる(法人税基通15−1−49)。

　また、特殊浴場業といわれるサウナ風呂、砂湯などのほか、いわゆるソープランドもここでいう浴場業に含まれる。

　なお、これらのサウナ風呂などの特殊浴場業においては、入浴サービスのほかに、美容、理容、マッサージ、飲食の提供、クリーニングなどのサービスが付帯して提供されることが多いが、これらの付属サービスについて受ける対価については、浴場業の付随行為に係るものとして収益事業の所得に含まれることとなる。

⑳ 理容業・美容業 (法法令5条①二十四、二十五)

　理容業とは、一般に、対価を得る目的で理容（頭髪の刈込、顔剃等の方法により人の容姿を整えることをいう(理容師法1の2)。）を行う事業をいい、いわゆる理髪店業がこれに該当する。

　また、美容業とは、一般に、対価を得る目的で美容（パーマネントウェーブ、結髪、化粧等の方法により、容姿を美しくすることをいう(美容師法2)。）を行う事業をいい、主として女性の整髪美容を行ういわゆる美容院等がこれに該当する。

イ　理容業・美容業の範囲

　理容業及び美容業とは、不特定又は多数の者に対して理容（美容）サービスを行う事業をいうが、単に整髪美容のサービスを提供する事業に限らず、マッサージ、パック、美容体操等の方法により全身美容のサービスを提供する事業も含まれることとされている(法人税基通15－1－51)。

　また、これらのサービスの提供は、一般的には人を対象として行われるものであるが、犬猫等のペットについてシャンプーやトリミングを行う事業もこれに含まれる(同通達)。

ロ　実習として行う理容又は美容

　収益事業に該当しないものとして取り扱われる技芸教授業を営む公益法人等が、理容所又は美容所を設けて不特定又は多数の者に対して理容サービス又は美容サービスの提供を行っている場合には、これらのサービスの提供がこれらの公益法人等における教育実習の一環として行われ、かつ、これらの公益法人等における技芸教授が収益事業に該当しない場合であっても、これらのサービスの提供を行う事業は他の一般の理容業者又は美容業者と競合関係にあることから、その技芸教授が独立した事業としてここでいう理容業又は美容業に該当する(法人税基通15－1－50、51(注))。

⑵1 **興行業**（法法令5条①二十六）

　興行業とは、映画、演劇、演芸、舞踊、舞踏、音楽、スポーツ、見せ物等の興行を企画、演出して陳列し、これを不特定多数の者に観覧させることを内容とする事業をいうが、公益法人等が自ら興行主となって興行を行う場合に限らず、「売興行」として、他の興行主などとの契約により、興行の媒介又は取次ぎを行う事業、すなわち興行ブローカーについても興行業となる（法人税基通15－1－52）。

イ　興行業の範囲

　興行業とは、映画、演劇、演芸、舞踊、舞踏、音楽、スポーツ、見せ物などの興行を行う事業をいうのであるが、これを更に明らかにするとすれば、まず「映画」については特に説明を要しないと思われる。「演劇」については、歌舞伎、新劇、人形劇などのほか、軽演劇などもこれに含まれる。

　また「演芸」については、浪曲、落語、講談、漫才などがこれに含まれる。

　さらに「音楽」については、交響楽、器楽、声楽、オペラ、邦楽などのほか、いわゆる軽音楽などもこれに含まれる。「スポーツ」については、野球、相撲、レスリング、ボクシング、スケートなどがこれに含まれることはいうまでもない。「見せ物」も興行として例示されているが、ここでいう見せ物とは、例えばサーカス、菊人形、花火、アイスショーなどのほか、ファッションショーなども見せ物興行に含まれる。

ロ　常設美術館等における展示等

　「見せ物」が興行の一種であるとして収益事業課税の対象とされているが、いわゆる美術館、博物館などにおける所蔵品の展示行為については、単に所蔵している物品などを展示して観覧させるだけの行為であり、企画、演出といった行為を伴わないという点において興行業とは異質のものがあるこ

とから、常設の美術館、博物館、資料館、宝物館などにおいて、主としてその所蔵品を観覧させる行為は、興行業に該当しないものとして取り扱うこととされている(法人税基通15−1−52(注))。

なお、「常設の……」と規定していることから、臨時に開設される移動美術館、移動博物館などは、これと若干おもむきが異なる。例えば、有名絵画などを他の美術館その他の所有者から借り受けて陳列し、これを不特定又は多数の者に有料で観覧させるような行為は常設の美術館などを経営する公益法人等がその事業の一環としてたまたま行う場合を除き、収益事業課税の対象となり得る。

また、動植物園、海中公園等は一定の広がりをもつ施設内を入場者が遊歩するに適するように整備し、その遊歩の用に供することが不可欠の事業であるから、たとえ展示物の観覧を伴うものであっても、ここにいう常設の美術館等に該当しない。したがって、興行業には該当しないとしても遊覧所業に該当することとなる。

ハ　慈善興行等

興行業としての性質を有する行為であっても次のように、もともと収益を目的とした事業とはいえないものについては、税務署長又は国税局長の確認を要件として、収益事業課税の対象としないこととされている(法人税基通15−1−53)。

① 催物に係る純益の金額の全額が教育（社会教育を含む。）、社会福祉等のために支出されるもので、かつ、当該催物に参加又は関係するものが何らの報酬も受けないいわゆる慈善興行

② 学生、生徒、児童その他催物に参加することを業としない者を参加者又は出演者等とする興行（その興行収入の相当部分を企業の広告宣伝のための支出に依存するものについては、これにより剰余金の生じないものに限るものとし、その他の興行については、その興行のために直接要

する会場費、人件費その他の経費の額を賄う程度の低廉な入場料によるものに限る。）

　なお、所轄税務署長又は国税局長の確認については、あらかじめ個々の興行ごとに受けるというのが原則であるが、事務上の便宜を考慮して、事業年度ごとに確認を受けることは、差し支えない。

⑵　**遊技所業** _(法法令5条①二十七)

　遊技所業とは、野球場、テニスコートその他の遊技に適する施設、場所などを設け、これをその用途に応じて不特定又は多数の者に利用させる事業をいう。

イ　遊技所業の範囲

　遊技所業には、例えば、野球場、テニスコート、ゴルフ場、射撃場、釣り堀、碁会所などの事業が該当するほか、フィールドアスレチック、ビリヤードなどの玉突場やパチンコ場、マージャン場、ゲームセンターなども、遊技所業に該当する_{（法人税基通15－1－54）}。

ロ　席貸業との関連

　遊技所業に似て非なるものに「席貸業」_(法法令5条①十四)がある。遊技所業と席貸業との違いは、前者はその設ける施設が「遊技」、すなわち、プレイに適する施設として必要な整備がされており、かつ、その施設をその本来の用途用法に従って利用者に利用させる事業であるのに対し、後者は、単に場所を提供するだけで、その場所の利用方法については、その利用者の幅広い選択に任せられるものが多いということである。

　したがって、同じ野球場でも、野球をするためにこれを利用させる場合には、遊技所業になるが、野球場を利用して単なる集会が催される場合のその野球場の貸付けは、遊技所業ではなく、席貸業に該当することになるが、も

ともと遊技所業の場合には、一般にその施設の利用の目的が娯楽、遊興又は慰安のためのものということができるから、その意味においては両者に本質的な違いはなく、実務上も両者の区分をすることはそれほど重要ではない。

(23) **遊覧所業** (法法令5条①二十八)

遊覧所業とは、専ら不特定又は多数の者をして一定の場所を遊歩し、天然又は人工の物、景観などを観覧させることを目的とする事業をいい、展望台、パノラマ、遊園地、庭園、動植物園、海中公園等がこれに含まれる(法人税基通15−1−55)。

遊覧所業とは、一定の広がりを持つ場所的空間を施設として整備し、入場者は、その場所的広さの中で、いわゆるぶらぶら歩きをしたり、休憩をしたりしながら、周りの風景を見たり、展示物その他の造形物を観覧したりすることであって、単に一定の狭い空間に陳列されている術品や宝物などを観覧することがその主たる目的である博物館や美術館などとは似て非なるものである。また、見せ物的な行為を伴う点においては共通するとしても、「遊歩」という行が必要条件である点において「興行業」とも区別される。

(24) **医療保険業** (法法令5条①二十九)

医療保険業には、病院又は診療所（医師又は歯科医師が公衆又は特定多人数のため医業又は歯科医業をなす場所をいう。）を経営する事業、助産所（助産婦が公衆又は特定多人数のためその業務を行う場所をいう。）を経営する事業のほか、療術業（あんま、はり、灸、指圧など）、助産婦業、看護業、歯科技工業、獣医業などが含まれる(法人税基通15−1−56)。

また、献血により血液を採取し、その採取した血液を供給する血液事業も医療保険業に含まれる(法法令5条①二十九かっこ書、規4の5)。

イ 医療保険業の付随事業

医療保険業を営む公益法人等が、その医療保険業の一環として行う患者のための給食の行為は、その性質上その医療保険業に付随して行われるものであるから、その医療保険業が収益事業に該当しなければ、その給食の事業も収益事業には該当しないこととなるが、その給食の事業を医療保険業を営む公益法人等とは別の公益法人等が営む場合には、その事業は医療保険業には含まれないので、その給食の事業が特掲事業である請負業又は料理店業その他の飲食店業に該当すれば、独立した事業として課税の対象となる（法人税基通15－1－58）。

　ただし、国等又は収益事業とならない医療保険業を営む公益法人等の経営する病院における患者給食を主たる目的として設立された公益法人等が、これらの病院における医療の一環として、専らその病院の患者のために行う給食は、収益事業には該当しないものとして取り扱われる（同通達）。

　なお、たとえ患者給食を主たる目的として設立された公益法人等が行うものであっても、入院患者以外の医師、看護師等の病院職員や付添人、見舞客等を対象とする病院内の食堂を経営する事業は、収益事業に該当する。

　また、収益事業とならない医療保険業を営む公益法人等がその患者を対象として行うものであっても、例えば日用品の販売、自動販売機による飲食物の販売（物品販売業）、クリーニングの取次（請負業）、公衆電話の設置（通信業）等の行為は、その性質上医療保険業に付随する行為ではないから、それぞれ独立した事業として収益事業に該当するかどうかを判断することとなる（法人税基通15－1－58(注)）。

ロ　非課税とされる医療保険業

　医療保険業のうち次のものは収益事業から除外されている（法法令5条①二十九イ～ヨ、法規5～6）。

　①　日本赤十字社が行う医療保険業
　②　社会福祉法人が行う医療保険業

③　学校法人が行う医療保険業
④　健康保険組合若しくは健康保険組合連合会又は国民健康保険組合若しくは国民健康保険団体連合会が行う医療保険業
⑤　国家公務員共済組合又は国家公務員共済組合連合会が行う医療保険業
⑥　地方公務員共済組合又は全国市町村職員共済組合連合会が行う医療保険業
⑦　日本私立学校振興・共済事業団が行う医療保険業
⑧　民法第34条の規定により設立された法人で、健康保険法、厚生年金保険法又は船員保険法の規定による事業又は施設の経営につき政府の委託を受けたものが行う医療保険業
⑨　民法第34条の規定により設立された法人で、結核予防法の規定に基づく健康診断、予防接種及び医療を行い、かつ、その研究につき国の補助があるこれらの医学的研究を行うもののうち法人格を異にする支部を含めて全国的組織を有するもの及びその支部であるものが行う医療保険業
⑩　民法第34条の規定により設立された法人で、その医療費の全額が国の補助によっているハンセン病患者の医療をするものが行う医療保険業
⑪　民法第34条の規定により設立された法人で専ら学術の研究を行うものがその学術の研究に付随して行う医療保険業

(注)　この場合の「専ら学術の研究を行うものがその学術の研究に付随して行う医療保険業」とは、専ら学術の研究を行うものとして文部科学大臣の許可を得て設立した法人で、その学術の研究のために専門の研究員をもって常時研究をするものが、その研究の過程又は結果を実証するなどの必要上付随して行う医療保険業をいうものとされている（法人税基通15-1-59）。

⑫　一定の地域内の医師又は歯科医師を会員として民法第34条の規定により設立された法人で、その残余財産が国又は地方公共団体に帰属すること、当該法人の開設する病院又は診療所が当該地域内のすべての医師又は歯科医師の利用に供されることとなっており、かつ、その診療報酬の額が低廉であることその他の財務省令で定める要件を備えるものが行う

医療保険業
(注) その他の財務省令で定める要件は次のとおりである（法規5）。
(i) 1又は2以上の都道府県、郡、市、町、村、特別区又は指定都市の区の区域を単位とし、当該区域内の医師又は歯科医師を会員として民法第34条の規定により設立された社団法人である医師会又は歯科医師会（以下「医師会法人等」という。）当該医師会法人等の当該事業年度終了の日において当該医師会法人等の組織されている区域の医師又は歯科医師の大部分を会員としているものであること
(ii) 医師会法人等の当該事業年度終了の日における定款に、当該医師会法人等が解散したときはその残余財産が国若しくは地方公共団体又は他の公益法人等のうち当該医師会法人等と類似する目的をもつものに帰属する旨の定めがあること
(iii) 医師会法人等の当該事業年度を通じて当該医師会法人等の開設するすべての病院又は診療所（Dにおいて「病院等」という。）が当該医師会法人等の組織されている区域の医師又は歯科医師（Dにおいて「地域医師等」という。）のすべてのものの利用に供するために開放され、かつ、これらのものによって利用されていること
(iv) 医師会法人等の当該事業年度を通じて、当該医師会法人等の開設するすべての病院等における診療行為が、当該病院等以外の病院又は診療所において主として診療を行う地域医師等の当該診療を受けた患者でその後引き続き当該地域医師等によって主として診療されるものに対して専ら行われていること
(v) 医師会法人等の当該事業年度を通じて、当該医師会法人等の受ける診療報酬又は利用料の額が、健康保険法に規定する基準により算定される額その他これに準ずる額以下であること
⑬ 一定の医療施設を有していること、診療報酬の額が低廉であることその他の財務省令で定める要件（法規5の2）を備える農業協同組合連合会が

行う医療保険業

⑭ 民法第34条の規定により設立された法人で看護師等の人材確保の促進に関する法律の規定による指定を受けたものが、介護保険法に規定する訪問看護、老人保健法に規定する指定老人訪問看護又は健康保険法に規定する訪問看護の研修に付随して行う医療保険業

⑮ ①から⑭までに掲げるもののほか、残余財産が国又は地方公共団体に帰属すること、一定の医療施設を有していること、診療報酬の額が低廉であることその他の財務省令で定める要件（法規6）を備える公益法人等が行う医療保険業

㉕ **技芸教授業** （法法令5条①三十）

技芸教授業とは、技芸の教授、学力の教授及び公開模擬学力試験を行う事業をいい、通信教育による技芸又は学力の教授及び技芸に関する免許の付与その他これに類する行為が含まれる。

イ 技芸教授業の範囲
　① 技芸の範囲

技芸教授業とされる技芸とは、洋裁、和裁、着物着付け、編物、手芸、料理、理容、美容、茶道、生花、演劇、演芸、舞踊、舞踏、音楽、絵画、書道、写真、工芸、デザイン（レタリングを含む。）、自動車の操縦（自動二輪車、原動機付自転車の操縦を含む。）、小型船舶（いわゆるモーターボート等総トン数5トン未満の沿岸小型船に限る。）の操縦をいう。これらの技芸の教授の一環として、又は付随して行われる講習会等は、たとえ一般教養、教育論等の講習をその内容とするものであっても、ここにいう技芸の教授に含まれる（法人税基通15－1－66(注)2）。

また、通信教育による技芸の教授及び技芸に関する免許の付与その他これに類する行為を含むこととされている（法法令5条①三十）が、前記の技

芸以外の技芸に関する免許の付与等はこれに該当しない(法人税基通15-1-66)。

　なお、「免許の付与その他これに類する行為」には、卒業資格、段位、級、師範、名取り等の一定の資格、称号を付与する行為が含まれる(同通達(注)1)。

② 学力の教授

　技芸教授業には、学校の入学者を選抜するための学力試験に備えるため又は学校教育の補習のための学力の教授(通信教育を含む。)を行う事業が含まれる。例えば、予備校や学習塾の事業はこれに該当するが、大学の入学試験に直接備えるための学力の教授又はその他の学力の教授で財務省令で定める要件(法規7の2)を満たすものは、収益事業から除かれている。

③ 公開模擬試験を行う事業

　技芸教授業には、公開模擬学力試験(学校の入学者を選抜するための学力試験に備えるため広く一般に参加者を募集し当該学力試験にその内容及び方法を擬して行われる試験をいう。)を行う事業が含まれる。

ロ　非課税とされる技芸の教授

　技芸の教授のうち次のものは収益事業から除外されている(法法令5条①三十イ〜ホ、規7〜8)。

① 学校教育法に規定する学校、専修学校又は各種学校において行われる技芸の教授で財務省令で定めるもの(法規7)

② ①に規定する学校、専修学校又は各種学校において行われる学力の教授で財務省令で定めるもの(法規7の2)

③ 社会教育法の規定により文部科学大臣の認定を受けた通信教育として行う技芸の教授又は学力の教授

④ 理容師法又は美容師法の規定により厚生労働大臣の指定を受けた施設

において養成として行う技芸の教授で財務省令 (法規8) で定めるもの並びに当該施設に設けられた通信課程に係る通信及び添削による指導を専ら行う法人の当該指導として行う技芸の教授
(注) 1 前記①の財務省令で定める要件は次のとおりである。
　　A 修業期間が1年以上であること
　　B 1年間の授業時間数が680時間以上であること（ただし、専修学校の高等課程、専門課程又は一般課程にあってはそれぞれの授業時間数が800時間以上であること、夜間その他特別な時間において授業を行う場合には、その1年の授業時間数が450時間以上であり、かつ、その修業期間を通ずる授業時間数が800時間以上であること。）
　　C その施設（教員数を含む。）が同時に授業を受ける生徒数に比して十分であると認められること
　　D その授業が年2回をこえない一定の時期に開始され、かつ、その終期が明確に定められていること
　　E その生徒について学年又は学期ごとにその成績の評価が行われ、その結果が成績考査に関する表簿その他の書類に登載されていること
　　F その生徒について所定の技術を修得したかどうかの成績の評価が行われ、その評価に基づいて卒業証書又は修了証書が授与されていること
　2 前記②の財務省令で定める要件は次のとおりである。
　　A 大学の入学者を選抜するための学力試験に直接備えるための学力の教授で、(注) 1のAからFまでの要件のすべてに該当する学力の教授を行う学校、専修学校又は各種学校において行われるもののうち、その教科又は課程の授業時間数が30時間以上であるもの
　　B A以外の学力の教授で次の要件のすべてに該当するもの
　　　a その教科又は課程の授業時間数が60時間以上であること
　　　b その施設（教員数を含む。）が同時に授業を受ける生徒数に比して十分であると認められること
　　C その教授が年3回を超えない一定の時期に開始され、かつ、その終期が明確に定められていること
　3 前記④の財務省令で定めるものは次の要件のすべてに該当する技芸の教授である。
　　A その修業期間（普通科、専攻科その他のこれらに準ずる区別がある場合には、それぞれの修業期間）が、昼間課程又は夜間課程にあっては2年、通信課程にあっては3年以上であること

　　　　　B　その教科課目の授業時間数が、理容師養成施設指定規則第4条第1
　　　　　　項又は美容師養成施設指定規則第3条第1項に定める授業時間数で
　　　　　　あること
　　　　　C　以上のほか、(注)1CからFまでに定める要件

(26)　**駐車場業** (法法令5条①三十一)

　駐車場業とは、一般に自動車（自動二輪車、原動機付自転車等を含む。）を駐車させる設備又は場所を設け、これを時間を単位として不特定又は多数の者に利用させるもののほか、例えば、月極めや年極めのように相当期間にわたり継続して同一人に利用させるものが含まれ、駐車する自動車について保管責任を有するかどうかは、その判定に直接関係はない。

　駐車場として利用することを目的とする土地の一括貸付けは、不動産貸付業ではなく、駐車場業に該当する(法人税基通15−1−68)。従って、当該土地を駐車場用地として国又は地方公共団体に一括して貸し付ける場合であっても、駐車場業として収益事業課税の対象となる。

(27)　**信用保証業** (法法令5条①三十二)

　信用保証業とは、一般に他人の債務についてその保証をすることにより信用を供与し、これにより保証料を収受する事業をいう。

　イ　非課税とされる信用保証業 (法法令5条①三十二イ、規8の2)

　　　信用保証業のうち、次のものについては、収益事業から除外されている。
　　　①　次の法令の規定に基づいて行われる信用保証業
　　　　　信用保証協会法、清酒製造業等の安定に関する特別措置法、農林漁業信用基金法、畜産物の価格安定等に関する法律、農業信用保証保険法、中小漁業融資保証法及び宅地建物取引業法
　　　②　①以外の信用保証業で、その保証料が、その保証金額に年2％の割合を乗じて計算した金額以下である低廉保証料による信用保証

ロ　保証料率の判定基準 (法人税基通15－1－69)

　この場合、その保証料の率が年2％以下であるかどうかは、個々の保証契約ごとにその契約において定められていることに基づいて判定する (法人税基通15－1－69)。したがって、この要件に該当しない保証契約の保証料のみが収益事業の収益となる。

　また、通常徴収する保証料の率は年2％以下であるが、一定の条件に該当するとき、例えば、その債務者の営業利益が一定金額を超えた場合には、年2％を超える率の保証料を徴することとしている契約は、ここでいう低廉保証料による信用保証には該当しない。

(28)　**無体財産権提供業** (法法令5条①三十三)

　無体財産権提供業とは、その有する工業所有権その他の技術に関する権利又は著作権（出版権及び著作隣接権その他これに準ずるものを含む。）の譲渡又は提供を行う事業をいう。

　なお、無体財産権提供業のうち次のものは、収益事業から除外されている。

イ　国又は地方公共団体（港務局を含む。）に対して行われる無体財産権の提供等

ロ　(独)宇宙航空研究開発機構、(独)海洋研究開発機構、(独)日本原子力研究開発機構、(独)中小企業基盤整備機構、(独)科学技術振興機構、(独)新エネルギー・産業技術総合開発機構、(独)農業・生物系特定産業技術研究機構、(独)理化学研究所、放送大学園及び商工会等がその業務として行う無体財産権の提供等

ハ　無体財産権の提供等に係る収益の額がその営む事業（収益事業（同号に

規定する無体財産権の提供等を行う事業を除く。）に該当する事業を除く。）に要する費用の額の2分の1に相当する額を超える等その主たる目的とする事業に要する経費の相当部分が無体財産権の提供等に係る収益に依存している公益法人等が行う無体財産権の提供等

⑵⑼　その他（独立した付随行為）

　公益法人等が行う収益事業に付随して行われる行為は、収益事業に含めて課税の対象とするというのが税法上の考え方である。したがって、逆に本体の事業が収益事業に当たらない場合には、これに付随して行われる行為も同じく課税対象にならないこととなる。

　しかし、完全な付随行為に過ぎないものはともかく、付随行為ではあるが、それ自体が独立した事業としての内容と規模をもつ場合などについては、本体事業とは切り離して課税対象としなければならないものがしばしば見受けられる。

　そこで、次のようなものについては収益事業課税の対象として取り扱うこととしている。

イ　学校法人等が実習の一環として行う事業（法人税基通15－1－70）

　収益事業に該当しない技芸の教授を行う学校法人等がその教育実習の一環として行う次のような行為であっても、継続して事業場を設けて行われるなど事業と認められる程度のものであるときは、その行為は収益事業に該当するものとして取り扱われる。

　① 洋裁学校が他の者の求めに応じて行う縫製加工（製造業）
　② タイピスト学校が行う印書の引受け（請負業又は印刷業）
　③ 音楽学校等が行う演奏会等で法人税基本通達15－1－53（慈善興行等）に該当しないもの（興行業）
　④ 写真学校が行う撮影等の引受け（写真業）

以上の取扱いは、その付随行為がそれぞれ独立した事業と認められる程度の規模に至った場合には課税対象にするということであるから、それに至らない程度のものについては、本体事業の一環として、又はこれに付随する行為として課税対象から除外されることとなる。

　しかし、独立した事業として認定されることになるかどうかは、例えば、当該事業について固有の事業所などを設け、継続的に、しかもある程度の規模にわたってそのような事業を行っているかなど、総合的に勘案して個別的に判断することとなる。

ロ　神前結婚等の場合の収益事業の判定（法人税基通15−1−71）

　宗教法人が神前結婚、仏前結婚等の挙式を行う行為で、本来の宗教活動の一部と認められるものは収益事業に該当しないが、挙式後の披露宴における飲食物の提供（飲食店業）、挙式のための衣装その他の物品の貸付け（物品貸付業）、記念写真の撮影（写真業）及びこれらの行為のあっせん（周旋業又は仲立業）並びにこれらの用に供するための不動産貸付け及び席貸しの事業（不動産貸付業又は席貸業）は収益事業に該当する。

　なお、本通達の前段の挙式部分の取扱いは、宗教法人固有の取扱いであるから、宗教法人以外の公益法人等が神前結婚等の挙式を行う場合には、その挙式についても「請負業」として収益事業課税の対象となる。

(30)　収益事業の判定事例

　公益法人等や人格のない社団等が行う事業は、極めて広範囲にわたっており、その内容も千差万別である。したがって、実務において、収益事業に該当するかどうか判断する場合に疑義を生ずる場面が少なくない。

　そこで、実際に公益法人等によって一般的に行われていると思われる事業をおおまかに分類し、これについて収益事業に該当するかどうかの判定を行えば次のとおりとなる。

なお、以下の判定はあくまでもおおまかな分類に過ぎないので、実際の収益事業の判定においては、事業内容について実態の検討を経たうえで判断をされるものである。

イ　中小企業・農業漁業対策、特定産業振興事業

事 業 の 内 容	収 益 事 業 の 判 定
① 事業資金、転廃業資金等の融資	金銭貸付業
② 融資の斡旋	仲立業
③ 信用保証	信用保証業。ただし、信用保証協会法等に基づく信用保証業及び年率2％以下の保証料による信用保証業は非課税
④ 原材料等、設備等の共同購入	物品販売業
⑤ 共同購入の斡旋	周旋業又は仲立業
⑥ 技術、経営改善の指導	請負業。ただし、実費弁償が確認されたものは非課税
⑦ 新製品等の共同研究（他からの委託に基づくもの）	請負業。ただし、実費弁償が確認されたものは非課税
⑧ 製品の品質維持等のための検査、検定	請負業。ただし、実費弁償が確認されたものは非課税
⑨ 有線放送、漁業無線、タクシー無線等	通信業

ロ　貿易振興対策、海外援助事業

事 業 の 内 容	収 益 事 業 の 判 定
① 海外事業の調査、情報の収集及び提供（他からの委託に基づくもの）	請負業。ただし、実費弁償が確認されたものは非課税
② 輸出入物品の検査、検定	請負業。ただし、実費弁償が確認されたものは非課税
③ 原産地証明等	（非課税）
④ 貿易振興資金等の融資	金銭貸付業
⑤ 融資の斡旋	仲立業

ハ　商品流通対策事業

事 業 の 内 容	収 益 事 業 の 判 定
① 流通機構の調査、研究等（他からの委託に基づくもの）	請負業。ただし、実費弁償が確認されたものは非課税
② 商品の品質、安全性の検査、検定	請負業。ただし、実費弁償が確認されたものは非課税
③ 物資の備蓄事業	物品販売業
④ 共同倉庫の経営	倉庫業

ニ　交通、運輸、通信対策事業

事 業 の 内 容	収 益 事 業 の 判 定
① 高速道路等の維持、補修	請負業。ただし、実費弁償が確認されたものは非課税
② 交通事情の調査、情報の収集及び提供、気象情報の収集及び提供（他からの委託に基づくもの）	請負業。ただし、実費弁償が確認されたものは非課税
③ 有線放送、漁業無線	通信業
④ 共同アンテナの維持、保守	通信業
⑤ 昇降機、トラックスケール等の検査、検定	請負業。ただし、実費弁償が確認されたものは非課税
⑥ 自動車の分解整備	製造業（修理業）
⑦ 車検、自動車登録の事務代行	請負業。ただし、実費弁償が確認されたものは非課税
⑧ 自動車、モーターボート教習所の経営	技芸教授業

ホ　自然環境保全、公害対策事業

事 業 の 内 容	収 益 事 業 の 判 定
① 鳥獣の保護、生態等の研究、水質、大気等の汚染調査等（他からの委託に基づくもの）	請負業。ただし、実費弁償が確認されたものは非課税
② 公園、緑地等の植樹、清掃（他からの委託に基づくもの）	請負業。ただし、実費弁償が確認されたものは非課税
③ 公害防止設備取得資金の融資	金銭貸付業

| ④ 融資の斡旋 | 仲立業 |
| ⑤ 一般廃棄物、産業廃棄物の処理 | 請負業。ただし、実費弁償が確認されたものは非課税 |

ヘ　雇用対策、高齢者、身障者等福祉対策事業

事 業 の 内 容	収 益 事 業 の 判 定
① 職業訓練	技芸教授業に該当するものは課税
② 職業紹介	周旋業
③ 勤労者持家推進等のための土地建物の造成分譲	不動産販売業。ただし、特定法人等が行うものは非課税
④ 住宅資金、生活資金等の貸付け	金銭貸付業
⑤ 寮、宿泊所の経営	旅館業。ただし、一定要件に該当する会員研修等のための低廉な宿泊施設は非課税
⑥ 農園、作業所等の設置 　(i) 農産物等の販売	（非課税）。ただし、小売は物品販売業
(ii) 製作品の販売	製造業

ト　学校教育、就学援助、社会教育関係事業

事 業 の 内 容	収 益 事 業 の 判 定
① 各種技芸の教授、免許の付与 　(i) 洋裁、和裁その他特定の技芸の教授及び免許の付与	技芸教授業。ただし、学校、専修学校又は各種学校で行われる一定要件に該当するものは非課税
(ii) (イ)以外の技芸の教授及び免許の付与	（非課税）
② 予備校、進学塾、学習塾等	技芸教授業。ただし、学校、専修学校又は各種学校で行われる入試又は補修のための学力の教授で一定要件に該当するもの、文部科学大臣の認定通信教育によるものなどは非課税
③ 教材、文房具、厨房用品、制服、制帽等の販売	物品販売業。ただし、収益事業を営まない学校法人等が生徒に対して行う教科書その他これに類する出版物の販売は非課税

④	食堂、喫茶店の経営	飲食店業
⑤	学生寮、寄宿舎の経営	旅館業。ただし、次のものは非課税 (イ) 就学援助法人の設置する学生寮で固定資産税の非課税要件に該当するもの (ロ) 収益事業を営まない学校法人等が専ら在学生を入居させる寄宿舎
⑥	各種図書の出版	出版業
⑦	縫製加工、印書の引受け	製造業、請負業又は印刷業
⑧	市民講座の開設	イに同じ

(注) 幼稚園が行う各種事業については、(12)参照

チ　学術・文化、科学技術の振興事業

事 業 の 内 容	収 益 事 業 の 判 定
① 試験研究、情報の収集及び提供 　（他からの委託に基づくもの）	請負業。ただし、実費弁償が確認されたものは非課税
② 研究への助成補助金	（対価性のないものは非課税）
③ 研究成果の文献出版	出版業
④ 特許権等の実施権の設定	無体財産権提供業。ただし、国等に対して提供等をするものその他一定の要件に該当するものは非課税
⑤ 試作品等の販売	（非課税）。ただし、反復又は継続して行われるようなものは課税（製造業）
⑥ 図書館、博物館、美術館等の設置	（非課税）
⑦ 動植物園、海中公園等の経営	遊覧所業

リ　スポーツ・芸能の普及・振興事業

事 業 の 内 容	収 益 事 業 の 判 定
① スポーツ大会	興行業。ただし、アマチュアスポーツ大会については、剰余金の生ずる冠大会を除き非課税（税務署長の確認を要する）
② 伝統芸能等の公演	興行業。ただし、アマチュアによる低廉入場料によるものは非課税（税務署長の確認を要する）

事　業　の　内　容	収 益 事 業 の 判 定
③　用具の検定	請負業。ただし、実費弁償が確認されたものは非課税
④　ルールブック等の出版	出版業
⑤　ゴルフ場、ゲートボール場、碁会所等の経営	遊技所業
⑥　体育館等の設置、運営	
(i)　音楽会、スポーツ大会、パーティー等のための席貸し	席貸業
(ii)　会議、研修会等のための席貸し	席貸業。ただし、国等の用に供するもの、社会福祉法人が社会福祉事業として行うものや学校法人等が主目的業務に関連して行うもの、会員に実費で席貸しするものなどは非課税

ヌ　医療保険、健康対策事業

事　業　の　内　容	収 益 事 業 の 判 定
①　病院、診療所等の経営	医療保険業。ただし、社会福祉法人、学校法人、健保組合等が行うものは非課税
②　医師会が行う緊急医療、へき地医療、集団検診等	医療保険業。ただし、オープン病院の要件を備えているものは非課税
③　売店、食堂の経営	物品販売業又は飲食店業
④　クリーニング等の取次ぎ	請負業
⑤　療術、助産、看護、獣医等	医療保険業

ル　宗教法人関係

事　業　の　内　容	収 益 事 業 の 判 定
①　新聞、教典等の販売	出版業
②　各種物品の販売	物品販売業。ただし、お守、お札、おみくじ等の販売は非課税
③　墳墓地の貸付け	（非課税）。ただし、宗教法人及び民法法人以外の公益法人等が行うものは不動産貸付業
④　宿所の経営	旅館業。ただし、一定要件に該当する練成道場等の低廉な宿泊施設は非課税
⑤　結婚式場の経営	

(i) 披露宴における飲食物の提供	料理店業その他の飲食店業
(ii) 衣装その他の物品の貸付け	物品貸付業
(iii) 記念写真の撮影	写真業
(iv) 前記の行為のあっせん	周旋業又は仲立業
(v) 披露宴や記念写真の撮影などの用に供するための不動産貸付や席貸し	不動産貸付業又は席貸業
(vi) 挙式	（非課税）（注）
⑥ 駐車場の設置	駐車場業

(注) 挙式の非課税は、宗教法人の固有の取扱いであるから、宗教法人以外の公益法人等が行った場合には、この取扱いはない。

ヲ　幼稚園関係

事 業 の 内 容	収 益 事 業 の 判 定
① 絵本、ワークブックの頒布	（非課税）
② 次のような物品の頒布及びあっせん (i) はさみ、のり、粘土、粘土板、へら等の工作用具 (ii) 自由画帳、クレヨン等の絵画製作用具及びノート、筆記用具等の文房具 (iii) ハーモニカ、カスタネット等の楽器 (iv) 道具箱 (v) 制服、制帽、スモック、体操着、上靴	物品販売業。ただし、物品の頒布のうち原価（又は原価に所要の経費をプラスした程度の価格）によることが明らかなものは非課税
③ 園児のうち希望者を対象として行う音楽教室のための教室等の席貸し	席貸業（注）
④ 園児に対し課外授業として実施する音楽教室の開設	技芸教授業
⑤ スクールバスの運行	（非課税）
⑥ 給食	（非課税）
⑦ 収益事業となる事業であっても、当該事業がその幼稚園の園児を対象とするもので実費弁償方式によっていると認められるものについては、基通15－1－28と同様、税務署長の確認を条件として非課税とすることができる。	

(注) 昭和58.6.3付直法2－7「幼稚園が行う各種事業の収益事業の判定について」通達が別途発遣されているが、その後の法令改正によって一部取扱い（ハの収益事業の判定）に変更があるので留意する。

ワ　その他各事業に共通的なもの

事業の内容	収益事業の判定
①　共済事業	その事業内容等によって判定する
②　団体保険事務	請負業
③　物資の販売、あっせん	物品販売業、仲立業又は問屋業
④　事業資金、生活資金等の融資	金銭貸付業
⑤　カレンダー、手帳、帳票等の共同製作	製造業、印刷業又は出版業
⑥　製品等の検査、検定	請負業。ただし、実費弁償が確認されたものは非課税
⑦　名簿、統計、年史等	出版業。ただし、会報を会員に配布するものは非課税
⑧　会館等の一部の貸付け	不動産貸付業。ただし、国等に対する貸付けは非課税
⑨　会館等の席貸し	
(i)　音楽会、パーティー等のための席貸し	席貸業
(ii)　会議、研修会等のための席貸し	席貸業。ただし、国等の用に供するもの、社会福祉法人や学校法人等が行うもの、会員に実費で席貸しするものなどは非課税
⑩　結婚式場の経営	物品貸付業、席貸業、飲食店業又は写真業等
⑪　食堂、喫茶店の経営	飲食店業
⑫　研修センター等（宿泊施設）の設置運営	旅館業。ただし、一定要件に該当する会員研修等のための低廉な宿泊施設は非課税
⑬　駐車場の設置	駐車場業
⑭　赤電話等の設置	通信業

III　収益事業に係る所得の計算等

　公益法人等については、収益事業から生じた所得についてのみ法人税が課税されるが、その所得金額の計算は基本的には、一般法人等の場合と同様である。

　しかし、その所得金額の範囲が限定されていることその他の特殊性があるため、一般法人の所得計算に比し、次のような特則が定められている。

1　所得に関する区分経理

　公益法人等と人格のない社団等で収益事業を営むものは、収益事業から生ずる所得に関する経理と収益事業以外の事業から生ずる所得に関する経理とそれぞれ区分して行わなければならないこととされている（法法令6条）。

　「所得に関する経理」とは、単に収益及び費用に関する経理だけでなく、資産及び負債に関する経理についても、区分経理が行われなければならない（法人税基通15－2－1）。

　なお、一の資産が収益事業の用と非収益事業の用とに共用されている場合（それぞれの事業ごとに専用されている部分が明らかな場合を除く。）には、当該資産は収益事業に属する資産としての区分経理はしないで、その償却費その他の当該資産について生ずる費用の額のうち収益事業に係る部分の金額を当該収益事業に係る費用として経理することになる（同基通（注））。

2　固定資産の区分経理

　非収益事業の用に供していた固定資産を収益事業の用に供することとしたため、収益事業に属する資産として区分経理をするときには、その収益事業に供した時の帳簿価額によりその経理を行う(法人税基通15-2-2)。
　これは、もともと非収益事業における経理については、税法の規制が及ばないのであるから、従来その経理において行われていた減価償却その他の計算は、特段の理由がない限り、一応妥当なものであったものとして区分経理することを認めざるを得ないということである。したがって、固定資産の区分替えに当たっては、帳簿価額の増減のいずれも認められないことから、非収益事業の帳簿価額を引き継ぐこととなる。

3　収益事業の資本

　新たに収益事業を開始した場合に、収益事業以外の事業から収益事業に属するものとして資産及び負債を区分経理したときは、両者の差額は収益事業に係る経理上、資本の元入れとして整理することとなる(法人税基通15-2-3)。
　その後に追加して収益事業に支出された資産についても同様に取り扱われる。
　したがって、例えば、その差額相当額を収益事業以外の事業からの借入金として経理し、利息を支払うようなことは認められない(法人税基通15-2-5(注))。

4　公益法人等のみなし寄附金

(1)　みなし寄附金の概要

法人が支出する寄附金については、その性格が、本来、反対給付を期待しないで任意に行われる支出であり、その経費性が希薄であることから、法人が支出する寄附金のうち、一定の損金算入限度額を超える部分の金額は、当該事業年度の所得の金額の計算上損金の額に算入しないこととされている。

　公益法人等が支出する寄附金の範囲については、一般の法人と同様であるが、公益法人等については、収益事業から生ずる所得についてだけ法人税が課税されるので、収益事業から生ずる所得金額の計算上損金の額に算入される寄附金の金額は、その収益事業のために支出するものに限られることとなるのであるが、公益法人等が収益事業を営むのは、その本来の事業を行うために必要な資金を稼得するためであって、収益事業から生ずる余剰金は、本来の事業の資金に充てられることを予定し、収益事業に属する資産のうちからその収益事業以外の事業のために支出する金額については、これをその収益事業に係る寄附金の額とみなすこととしている（法法37④）。

　そして、公益法人等が収益事業に属する金銭その他の資産のうち、当該収益事業の運営のために通常必要と認められる金額に見合うもの以外のもの、つまり、収益事業における余裕資金を収益事業以外の事業に属する資産として区分経理をしたときは、その区分経理した金額は、現に外部に支出されたかどうかにかかわらず、みなし寄附金として取り扱うこととされている（法人税基通15−1−7）。

　ただし、公益法人等が収益事業に属する金銭その他の資産につき、収益事業以外の事業に属するものとして区分経理をした場合においても、その一方において収益事業以外の事業から収益事業へその金銭等の額に見合う金額に相当する資本の元入れがあったものとして経理するなど実質的に収益事業から収益事業以外の事業への金銭等の支出がなかったと認められるときは、当該区分経理をした金額については、みなし寄附金の規定の適用がないものとされている（法人税基通15−2−4）。

　なお、みなし寄附金の規定は、公益法人等に限って適用されるものであっ

て、人格のない社団等にはその適用がないので、人格のない社団等が収益事業に属する資産を収益事業以外の事業に属するものとして区分経理した場合には、その区分経理した金額については、常に元入れの返還などとして処理することとなる。したがって、人格のない社団等について寄附金の規定の適用があるのは、現実に収益事業から外部へ寄附金を支出した場合に限られることとなる（法人税基通15－2－4（注））。

(2) 寄附金の損金算入限度額

公益法人等に係る寄附金の損金算入限度額は次のとおりである（法法令73①三）。

法人の区分	損金算入限度額
私立学校法第3条に規定する学校法人、社会福祉法人、更生保護法人	当期の所得金額×50／100 200万円×当期の月数／12　いずれか大きい金額
上記以外の公益法人等	当期の所得金額×20／100

5　費用又は損失の区分経理

公益法人等が収益事業と収益事業以外の事業とを営んでいる場合における費用又は損失の区分経理については、次によることとされている。

イ　直接費等

収益事業について直接要した費用の額又は直接生じた損失の額は、収益事業に係る費用又は損失の額として経理する。

この場合、その費用又は損失が収益事業について直接要し、又は直接生じたものであるかどうかは、個々の費用又は損失の性質、その発生原因などに応じて判断することになる。

ロ　共通経費等

　収益事業と収益事業以外の事業とに共通する費用又は損失は、資産の使用割合、従業員の従事割合、資産の帳簿価額の比、収入金額の比その他その費用又は損失の性質に応ずる合理的な基準により収益事業と収益事業以外の事業とに配賦し、これに基づいて経理する。

　この場合、その配賦に使用する基準は、個々の費用又は損失の性質等に応じて、例えば、次のようにその費用又は損失ごとに採用し、かつ、その採用した基準は、特段の事情がない限り継続して採用すべきこととなる。

① 　減価償却費……資産の使用割合（使用面積割合、使用時間割合等）
② 　人件費…………従業員の従事割合（従事人員割合、従事時間割合等）

6　低廉譲渡等

　法人が時価よりも低い価額で資産を譲渡し、又は経済的な利益の供与をした場合には、その時価と実際に収受した対価との差額について、これを寄附金とみなして限度計算の対象にすることとされている（法法37⑦）。

　しかし、公益法人等はもともと公益を目的とするものであるから、その本来の目的に従って資産を無償で譲渡し、あるいは無利息で資金の貸付けを行うなどのことがあるのは当然のことである。

　そこで、公益法人等又は人格のない社団等が通常の対価の額に満たない対価による資産の譲渡又は役務の提供を行った場合においても、その資産の譲渡等が当該公益法人等又は人格のない社団等の本来の目的たる事業の範囲内で行われるものである限り、その資産の譲渡等については法人税法第37条第7項（低廉譲渡等）の規定の適用はないものとされている（法人税基通15-2-9）。

7　収益事業に係る固定資産の処分損益

　公益法人等が収益事業に属する固定資産について、譲渡、除却その他の処分をした場合におけるその処分による損益は、原則として収益事業に係る損益となる。しかしながら、土地、建物などの譲渡益は、明らかに過去の保有期間を通じて生じた値上がり益が実現したもの、すなわち、キャピタルゲインである場合が少なくない。このようなキャピタルゲインは、事業活動の結果得られるものではないので、継続事業から生じた事業所得について課税することとしている現行の収益事業課税制度の下では、原則として収益事業の所得には含めないというのが基本的な考え方になっている。
　そこで、たとえ収益事業に属する資産の処分損益であっても、次の場合は収益事業に係る損益に含めないことができるとされている（法人税基通15－2－10）。

(1)　相当期間（おおむね10年以上）にわたり固定資産として保有していた土地（借地権を含む。）、建物又は構築物について、譲渡、除却その他の処分をした場合におけるその処分をしたことによる損益

　　ただし、当該土地に集合住宅等を建築し、又は当該土地に区画形質の変更を行った上でこれを分譲した場合におけるその区画形質の変更により付加された価値に対応する部分の譲渡（法人税基通15－1－12）は不動産販売業に該当する。

(2)　(1)のほか収益事業の全部又は一部を廃止してその廃止に係る事業に属する固定資産につき譲渡、除却その他の処分をした場合におけるその処分をしたことによる損益

8 借地権利金等

　公益法人等が固定資産である土地又は建物を貸付けたことにより収受する権利金その他の一時金については、次により取り扱われる(法人税基通15-2-11)。

(1)　土地の貸付けにより法人税法施行令第138条第1項の規定に該当することとなった場合におけるその貸付けにより収受する権利金その他の一時金は、土地の譲渡による収益の額として取り扱うことができる。

(2)　(1)以外のものの額及び土地若しくは建物の貸付けに係る契約の更新又は更改により収受するいわゆる更新料等の額は、不動産の貸付けに係る収益の額とする。

9 補助金等の収入

　収益事業を営む公益法人等が国、地方公共団体等から交付を受ける補助金、助成金等（以下「補助金等」という。）については、原則として収益事業の収益に含まれないが、次の区分に応じ、それぞれ次により取り扱われる(法人税基通15-2-12)。

(1)　補助金等の名目で交付を受けるものであっても、資産の譲渡又は役務の提供の対価の実質を有するものは、それぞれの対価として取り扱う。
　　したがって、その譲渡又は提供が収益事業に該当する場合は、当該収益事業の収益となる。

⑵　固定資産の取得又は改良に充てるために交付を受ける補助金等の額は、たとえ当該固定資産が収益事業の用に供されるものであっても、収益事業の益金の額には算入しない。

⑶　収益事業に係る収入又は経費を補てんするために交付を受ける補助金等は、当該収益事業の益金の額に算入する。

Ⅳ　収益事業と税務手続

1　収益事業の開始に伴う届出

　公益法人等又は人格のない社団等が新たに収益事業を開始したときは、次の書類をそれぞれの提出期限までに納税地を所轄する税務署長に提出しなければならない（法法150条①）。

提出書類	提出期限	取扱い
収益事業開始届出書	収益事業開始の日以後2か月以内	必ず提出する必要がある （添付書類）①収益事業の概要 ②収益事業開始貸借対照表 ③その他
減価償却資産の償却方法の届出書	収益事業開始初年度の確定申告期限まで	提出がない場合は、法定の償却方法となる
棚卸資産の評価方法の届出書		提出がない場合は、法定の評価方法（最終仕入原価法）となる
有価証券の一単位当たりの帳簿価額の算定方法の届出書		提出がない場合は、法定の算出方法となる
青色申告の承認申請書	収益事業開始の日以後3か月を経過した日と当該事業年度終了の日とのうちいずれか早い日の前日	承認を受けなければ、青色申告法人の特典を受けられない

2　確定申告書の添付書類

　収益事業を営んでいる公益法人等又は人格のない社団等は、原則として事業年度終了の日の翌日から2か月以内に、確定した決算に基づき、納税地を所轄する税務署長に法人税の確定申告書を提出しなければならない(法法74条①、75条、75条の2)。
　この確定申告書には、次の書類を添付する必要がある(法74②、規35、法人税基通15-2-14)。
① 貸借対照表
② 損益計算書
③ 損益金の処分表
④ 貸借対照表及び損益計算書に関する勘定科目内訳明細書
⑤ 資本積立金額の増減に関する明細書

　なお、この場合の確定申告書に添付する貸借対照表、損益計算書その他の書類は、収益事業部門の貸借対照表等にとどまらず、非収益事業部門の貸借対照表等を含むものとされている(法人税基通15-2-14)。
　これは、全体の貸借対照表等の添付がなければ、収益事業と非収益事業とに共通する経費や共通の損失の配布計算の適否のほか、収益事業と非収益事業との経理の区分の適否などについて、検証ができないからである。
　なお、法人税の「中間申告」については、行う必要はない(法法71条①)。

3　公益法人等の収支計算書等の税務当局への申告、申請、提出制度

　公益法人等に対する収益事業課税の適正化の観点から、公益法人等は、収

益事業を行っていることにより法人税の申告書を提出すべき場合を除き、当該事業年度の収支計算書を、当該事業年度の終了の日の翌日から4か月以内（厚生年金基金、厚生年金基金連合会、国民年金基金及び国民年金基金連合会は6か月以内）にその主たる事務所の所在地の所轄税務署長に提出しなければならない（租税特措法68の6）。

(1) 適用対象法人

この制度の対象となる法人は、法人税法第2条第6号に規定する公益法人等（別表第2）とされているが、次に掲げる法人は除かれる（租税特措法68の6、措令39の37①②）。

① 法人税法以外の法律によって公益法人等とみなされる法人（地縁による団体、管理組合法人、法人格を付与された政党、政治団体又はマンション建築組合）
② 寄附金収入や会費収入などを含めた年間の収入金額（資産の売却による収入で臨時的なものを除く。）が8,000万円以下の小規模な法人
③ 収益事業を営む公益法人等でその事業年度につき確定申告書を提出する必要のある法人

(2) 収支計算書の記載内容

提出すべき収支計算書は、公益法人等の活動内容に応じ租税特別措置法施行規則別表第10に示された勘定科目に従って作成することとされている。この場合、対価を得て行う事業に係る収入については、事業の種類ごとにその事業内容を示す適当な名称を付した科目により記載することとされている（租税特措法68の6、措規22の22①）。

また、収支計算書には、基本的事項として、次の事項を記載することとされている（租税特措法68の6、措規22の22①）。

① 公益法人等の名称及び主たる事務所の所在地

② 代表者の氏名
③ 当該事業年度の開始及び終了の日
④ その他参考となるべき事項

【別表第10　公益法人等の収支計算書に記載する科目】

○　収入の部

> 基本財産運用収入、入会金収入、会費収入、組合費収入、事業収入、補助金等収入、負担金収入、寄附金収入、雑収入、基本財産収入、固定資産売却収入、敷金・保証金戻り収入、借入金収入、前期繰越収支差額等

○　支出の部

> 役員報酬、給料手当、退職金、福利厚生費、会議費、旅費交通費、通信運搬費、消耗什器備品費、消耗品費、修繕費、印刷製本費、光熱水料費、賃借料、保険料、諸謝金、租税公課、負担金支出、寄附金支出、支払利息、雑費、固定資産取得支出、敷金・保証金支出、借入金返済支出、当期支出差額、次期繰越収支差額等

4　実費弁償事業の税務手続き

　収益事業の対象になる事業の中には、いわゆる実費弁償的にその事業に要する経費を賄う程度の対価で行うものも少なくないが、このように、もともと所得の生じない仕組みになっているものまで、課税の対象にする必要がないというべきである。

　そこで、公益法人等が、請負又は事務処理の受託としての性質を有する業務などを行う場合であっても、申請によって、下記の実費弁償方式の確認を受けることにより、収益事業としては取り扱われないこととなる。

(1) 公益法人等の「実費弁償」の概要

――【実費弁償による事務処理の受託等（法人税基通15―1―28）】――
　①公益法人等が、②事務処理の受託の性質を有する業務を行う場合においても、当該業務が③法令の規定、行政官庁の指導又は当該業務に関する規則、規約若しくは契約に基づき④実費弁償（その委託により委託者から受ける金額が当該業務のために必要な費用の額を超えないことをいう。）により行われるものであり、かつ、そのことにつき⑤あらかじめ一定の期間（おおむね5年間以内の期間とする。）を限って所轄税務署長（国税局の調査課所管法人にあっては、所轄国税局長。以下、15―1―53において同じ。）の⑥確認を受けたときは、その確認を受けた期間については、当該業務は、その委託者の計算に係るものとして当該公益法人等の⑦収益事業としないものとする。

(2) 「実費弁償」の国税当局の審査（上記①～⑦が審査のポイントとなる。）
① 人格のない社団等を含む（基通15―1―1）。
② 事務処理の受託の性質を有する業務（請負業）以外の業務（例えば、物品販売業、物品貸付業、金銭貸付業、興行業等）についても、本通達の適用の対象としている。
③ 必ずしも、法令の規定等によるものであることを要件としていない。
④ 個々の公益法人等の業務の内容、収支の規模等を勘案して判定することとしているが、その業務の遂行上通常必要と認められる年間経費のおおむね1か月分を賄える程度の年間累積利益又は剰余金が存する場合であっても、「実費弁償」に該当するものとして取り扱っている。
　なお、当該経費の額の算定は、税務計算に基づくことに留意する。したがって、例えば、法人税法上認められていない「役員賞与」、「固定資産取得積立預金支出（任意積立金繰入損）」等の金額は、収支計算上の

経費の額から除外することとし、経費には含めないこととなっている。

　具体的には、「公益法人等の実費弁償方式による事務処理の受託等の判定表」((3)様式等参照）を使用して、判定される。

⑤　確認は事業年度以後５事業年度の期間について確認が与えられるものと考えられており、５年ごとに確認申請が必要となる。

⑥　「確認申請書」の提出及び「確認通知書」による通知が行われている。

　様式は法令等で定めていないが、別紙２、３があり、税務署の窓口で交付されている。

⑦　その事業が申請した確認内容と相違するような形で運営される等、実費弁償方式とはいえない状態になった場合には、既往の事業年度に生じた剰余金についても、遡って課税される場合もあることも考えられるので十分留意する必要がある。

(3) 様式等

【東京国税局の様式例】

公益法人等の実費弁償方式による事務処理の受託等の判定表

法　人　名		設立年月日	年　月　日
所　在　地	電話番号　―　―	代表者名	
		担当者名	
【確認対象の事業内容】	（法人税法施行令第5条第1項　号該当）		
【確認対象事業年度】	自　平成　年　月　日　至　平成　年　月　日		
添付書類	□ 法人の概要について（規約等）　□ 確認対象事業に関する契約書等		
	□ 直近3事業年度の収支計算書　□ その他参考となる資料		

実費弁償方式の内容の検討表

		検　討　事　項	判定
実費弁償方式	A 法令の規定によりその業務受託の対価が定められている場合	1　契約の種類 　○法令の名称〔　　　　　〕 　○所管する行政官庁〔　　　　　〕	□ 適 ・ □ 否
		2　収受する手数料等の額 　○当該業務に必要な費用の額の範囲内で定められているか。（手数料等の算定方法） 　〔　　　　　〕	□ 適 ・ □ 否
		3　余剰金が生じた場合の措置等 (1) 余剰金が少額の場合 　○余剰金の額は、その業務の遂行上通常必要と認められる経費（税務計算上の金額）概ね1か月相当額以下か。 　（総経費の額）　　　　　　□ ＞ （累積余剰金の額） 　　　　円×1/12＝　　　　円　□ ＝　　　　円 　　　　　　　　　　　　　　□ ＜ (2) 余剰金が多額の場合 　○ 次のすべての措置が講ぜられることとされているか。 　　イ　手数料等の額の改訂に際して、余剰金の額を勘案して次のいずれかの方法より調整しているか。 　　　　□ 手数料等の減額 　　　　□ その他合理的な方法 　　　　〔　　　　　〕 　　ロ　イの措置を講じることについて、当該法令を所管する行政官庁の証明の有無 　　　　□ 有・□ 無	□ 適 ・ □ 否
		1　契約等の種類 　□ 法令の規定　　　□ 行政官庁の指導 　□ 業務に関する規則又は規約　□ 業務に関する契約	□ 適 ・ □ 否

| 式の内容 | B 契約等の規定によりその業務受託の対価が定められている場合 | 2　収受する手数料等の額
○当該業務に必要な費用の額の範囲内で定められているか。
　　（手数料等の算定方法）
[　　　　　　　　　　　　　　　　　　　　　　　　]

3　余剰金が生じた場合の措置等
(1)　余剰金が少額の場合
○余剰金の額は、その業務の遂行上通常必要と認められる経費（税務計算上の金額）概ね1か月相当額以下か。
（総経費の額）　　　　　　　　　　　□＞（累積余剰金の額）
　　　　円×1/12＝＿＿＿＿＿円　□＝＿＿＿＿＿円
　　　　　　　　　　　　　　　　　　□＜
(2)　余剰金が多額の場合
○次のいずれかの措置が講ぜられることとされているか。
　イ　その余剰金を（(1)の剰余金に相当する金額を除く。ロについても同じ。）を委託者に返還する。
　ロ　その余剰金をその翌事業年度（やむを得ない事情がある場合には、翌々事業年度）終了の日までに、次のいずれかの方法により解消することとしているか。
　　　□　その後の手数料等の減額
　　　□　その後の手数料等に充当
　　　□　その他合理的な方法
[　　　　　　　　　　　　　　　　　　　　　　　　]
　　（注）やむを得ない事情がある場合のその事情
[　　　　　　　　　　　　　　　　　　　　　　　　] | □　適
・
□　否

□　適
・
□　否 |

〔実費弁償の確認申請書（例）〕

全○協第○○○号
平成19年1月11日

○ ○税務署長　　　　殿

社団法人
全国○○○○協会
理 事 長　　山 田 太 郎　㊞

実費弁償による事務処理の受託等の確認申請について

　表題のことについて、当全国○○○○協会が行う「○○○○○○○○事業」は、法人税基本通達15―1―28《実費弁償による事務処理の受託等》に該当するものと認められますので、ご確認いただきたく申請します。
　なお、関係資料として下記の資料を添付します。

記

資料1　当全国○○○○協会の概要
資料2　「○○○○○○○○事業」の概要及び現状等
資料3　「○○○○○○○○事業に関する契約書」等
資料4　平成13、14及び15事業年度の収支計算書（法人計算）
資料5　　　　同　　　　　上　　　　　（税務計算）

〔通知書案分〕

○○○○第○○号
平成○○年○月○日

財団法人
全国○○○○協会
理事長　山　田　太　郎　殿

○　○　税務署長　東　京　一　郎㊞

実費弁償による事務処理の受託等の確認について
（平成19年1月11日付全○協第○○○号による申請に対する通知）

　標題のことについては、下記のとおり取扱います。

記

　貴財団から申請のあった事業は、法人税基本通達15—1—28《実費弁償による事務処理の受託等》^(注1)^(注2)に該当するものであることを確認します。
　したがって、次に記載した確認対象事業年度^(注3)においては、当該事業に係る法人税の申告は要しません。
　なお、確認事業年度後の各事業年度においてもこの取扱いを受ける場合には、確認対象事業年度の最終事業年度終了の日までに再確認^(注4)を受けなければなりません。
　また、この確認を受けた日以後、当該事業の内容が異なることとなり、又は、確認内容と異なる形で運営されることとなったため、「実費弁償による事務処理の受託等」^(注5)に該当しないこととなった場合には、この確認を取り消すこととなりますのでご注意ください。

| 確認対象事業年度 | 自　平成19年4月1日
至　平成24年3月31日 | ｝の間の各事業年度 |

〔通知書案分の記載要領〕

注1：法人、事業団など申請法人の組織に適合した名称を記載する。

注2：法人の行う事業のうち、その一部の事業についてのみ行う確認で、他の事業が収益事業に該当する場合において、申請の対象とした事業が申請書に特掲されていないときは、今回確認した事業を明記する。

注3：確認は、5年以内の期間について行うことに留意する。

（例）3月決算の公益法人等の確認対象事業年度は、次のとおりである。

| 確認対象事業年度 | 自平成19年4月1日
至平成24年3月31日 | の間の各事業年度 |

注4：注3の例の場合、平成24年3月31日までに、今回の確認対象事業年度の決算書、定款及び諸規定並びに事業内容及び対価方式、精算方法等についての資料を提出することとなる。

Ⅴ　公益法人の会計基準等

1　公益法人の会計基準の標準的位置付け

　公益法人の会計に関する最も基本的な規範は、「公益法人会計基準」である。

　当該基準は、公益法人会計に関する一般的、標準的な基準を示したものであり、公益法人会計の理論及び実務の進展に即して、今後、更に、社会経済の環境の変化、規模の拡大により、充実と改善を図っていくものとされている。

　公益法人は、規模、事業内容等が多岐にわたるため、すべての公益法人に統一した基準を強制することは適当とはいえない。そこで、当該基準は最も一般的、標準的なものとして設定されている。

　また、この基準が規範として最終確定したものではない。実務上の経験、会計理論の進展、環境の変化に対応して、改善していくべきものとされている。

(別紙)

公益法人会計基準の改正（変更点）

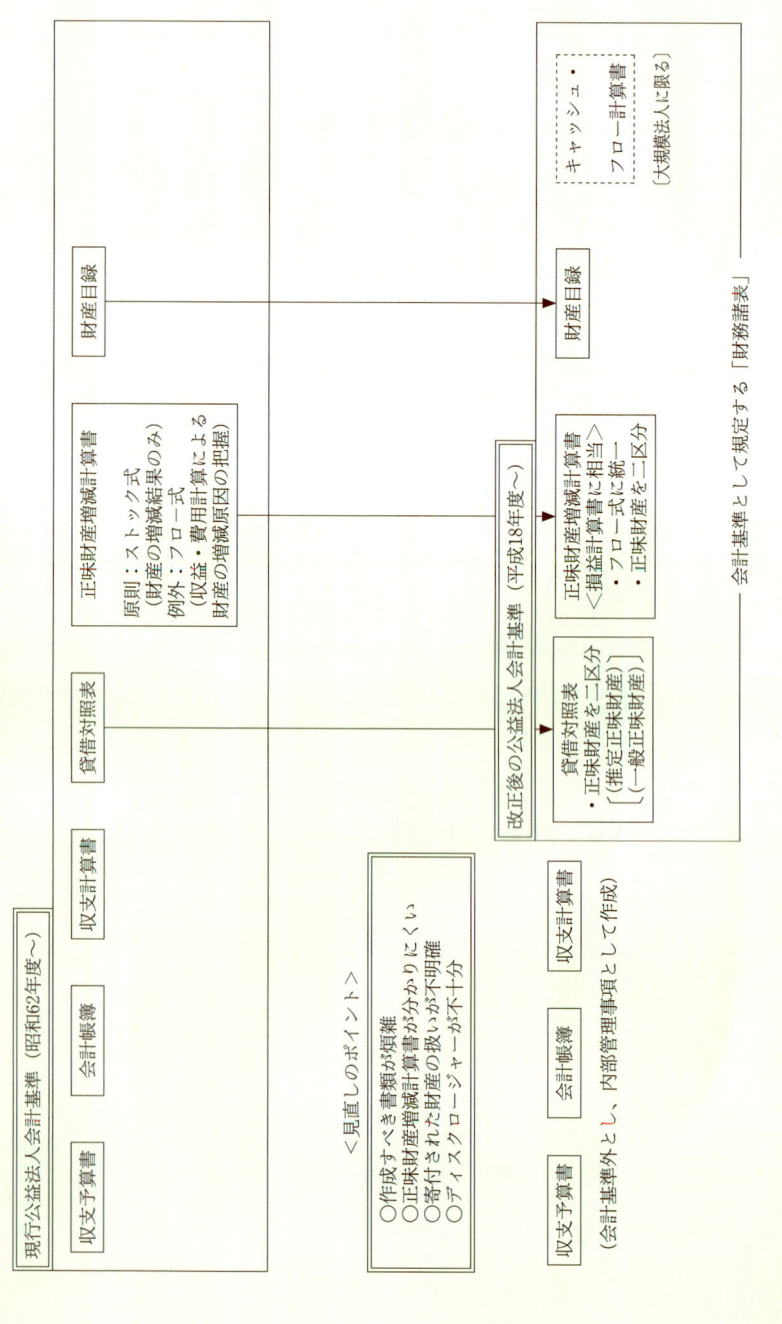

現行公益法人会計基準（昭和62年度〜）

- 収支予算書
- 会計帳簿
- 収支計算書
- 貸借対照表
- 正味財産増減計算書
  - 原則：ストック式
    （財産の増減結果のみ）
  - 例外：フロー式
    （収益・費用計算による財産の増減原因の把握）
- 財産目録

<見直しのポイント>
○作成すべき書類が煩雑
○正味財産増減計算書がわかりにくい
○寄付された財産の扱いが不明確
○ディスクロージャーが不十分

改正後の公益法人会計基準（平成18年度〜）

- 収支予算書
  （会計基準外とし、内部管理事項として作成）
- 会計帳簿
- 収支計算書

―――― 会計基準として規定する「財務諸表」

- 貸借対照表
  ・正味財産を二区分
  　［推定正味財産］
  　［一般正味財産］
- 正味財産増減計算書
  ＜損益計算書に相当＞
  ・フロー式に統一
  ・正味財産を二区分
- 財産目録
- キャッシュ・フロー計算書
  [大規模法人に限る]

2 適用範囲

公益法人会計基準の取扱いについて主務官庁は、この会計基準をすべての公益法人に適用するよう指導するものとされている。

しかし、①特別の法令の規定に基づいて事業を行う法人であって、よるべき会計基準が法令に定められているもの又は当該法令を所管する官庁から示されているもの、②その他、特に主務官庁が当該基準を適用することが適当でないと判断し、他の一般に公正妥当と認められる会計の基準によるべきであるとしたものについては当該会計基準の全部又は一部を適用しないことができるとされている。

さらに、基準の第1総則1目的及び適用範囲(2)は、公益法人が行う事業のうち、一般に企業会計を適用することがより合理的な事業については、これを適用しないとしている。近年、収益事業を行う公益法人が増加しているのを受けて、当該基準の部分的除外と企業会計基準の適用を認められている。

3 作成すべき計算書類等

公益法人会計基準の一般原則において収支予算書、会計帳簿及び計算書類を作成しなければならないとされている(第一総則二)。

収支予算書は当該事業年度において見込まれるすべての収入及び支出の内容を明瞭に表示するものでなければならない(第二収支予算書)。

(1) 収支予算書

収支予算書では、収入予算と支出予算から構成され、原則として当該事業年度の始まる以前に作成しなければならない。ただし、当該事業年度中に変更することができるとされている。

また、収支予算書には借入金限度額及び債務負担額を注記することが必要とされている。

(2) 会計帳簿

会計帳簿は、主要簿として仕訳帳と総勘定元帳を作成しなければならないとされており、さらに、補助簿として現金出納帳、預金出納帳、収支予算の管理に必要な帳簿、固定資産台帳、基本財産明細書、会費明細帳を備え、関係事項を記帳しなければならないとされている。

(3) 計算書類

計算書類は、収支計算書、正味財産増減計算書、貸借対照表及び財産目録からなる。

収支計算書は、当該事業年度におけるすべての収入及び支出の内容を明瞭に表示するものでなければならない。また、当該事業年度の収入及び支出の内容を予算額と対比させて表示し、両者に著しい差異が生じた場合、その理由を注記する。

正味財産増減計算書は、正味財産（法人の資産総額から負債総額を差引いた残額をいう。）の当該事業年度中の増減を表示し、また、期末現在の正味財産額を表示する計算書である。

正味財産増減計算書の表示方法としては、2つの方法があり、1つは、資産科目・負債科目残高の増減を表示することにより、正味財産の増減を示す方法（ストック方式）であり、もう1つは、正味財産の増減を発生原因別に表示し、正味財産の増減を示す方法（フロー方式）である。

財産目録については、法人のすべての資産及び負債の内容（名称、数量、価額等）を詳細に表示するための計算書類であり、民法第51条によりその作成が義務付けられている。

4 公益法人等制度の改革

公益法人等制度の改革の内容

1－1 現行の全体図

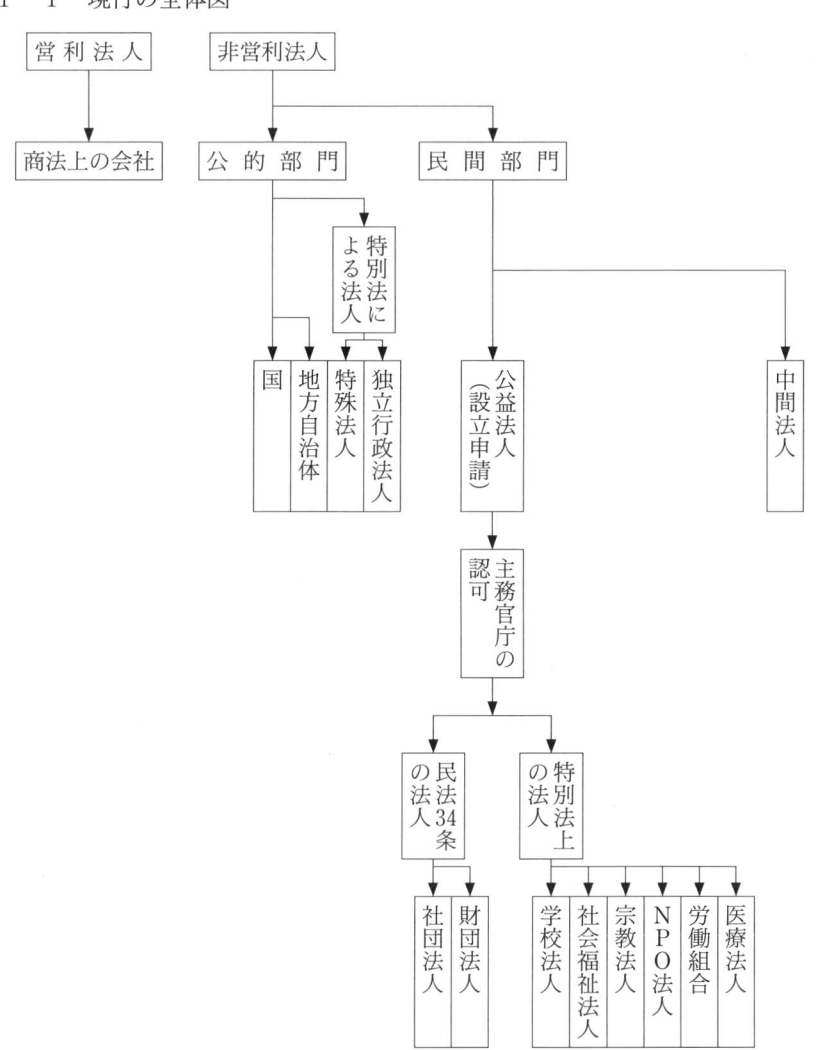

```
営利法人 → 商法上の会社

非営利法人
├─ 公的部門
│   ├─ 国
│   ├─ 地方自治体
│   └─ 特別法による法人
│       ├─ 特殊法人
│       └─ 独立行政法人
└─ 民間部門
    ├─ 公益法人（設立申請）→ 主務官庁の認可
    │   ├─ 民法34条の法人
    │   │   ├─ 社団法人
    │   │   └─ 財団法人
    │   └─ 特別法上の法人
    │       ├─ 学校法人
    │       ├─ 社会福祉法人
    │       ├─ 宗教法人
    │       ├─ NPO法人
    │       ├─ 労働組合
    │       └─ 医療法人
    └─ 中間法人
```

1－2　改革後の非営利法人の方向性

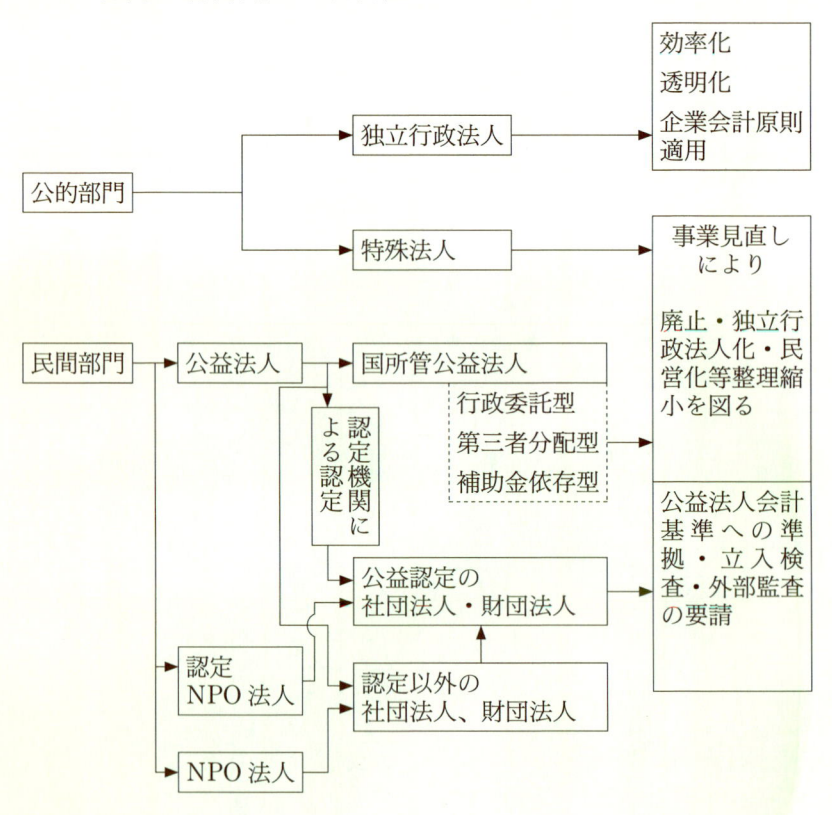

```
公的部門 ─┬─→ 独立行政法人 ──→ ┌─────────┐
         │                      │ 効率化      │
         │                      │ 透明化      │
         │                      │ 企業会計原則│
         │                      │ 適用        │
         │                      └─────────┘
         └─→ 特殊法人 ──────→ ┌─────────┐
                                │ 事業見直し │
                                │ により     │
                                │            │
                                │ 廃止・独立行│
                                │ 政法人化・民│
                                │ 営化等整理縮│
                                │ 小を図る   │
                                └─────────┘

民間部門 ─┬─ 公益法人 ─→ 国所管公益法人
         │         │        ┌──────┐
         │         │        │ 行政委託型│
         │      認定機関に   │ 第三者分配型│ →
         │      よる認定     │ 補助金依存型│
         │         │        └──────┘
         │         └→ 公益認定の
         │            社団法人・財団法人 →  ┌─────────┐
         │                                   │ 公益法人会計│
         │            認定以外の              │ 基準への準 │
         ├─ 認定      社団法人、財団法人 →   │ 拠・立入検 │
         │  NPO法人                           │ 査・外部監査│
         │                                   │ の要請      │
         └─ NPO法人                           └─────────┘
```

Ⅵ 公共・公益法人等のその他の税務

(消費税関係は第2編)

1 利子・配当等の所得税の非課税

(1) 公益法人等非収益事業を含めて、利子、配当、給付補填金、報酬、料金、賞金については、原則非課税となっている。

この場合、非課税扱いを受ける手続きが必要となる。(所得税法11①)

公社債又は貸付信託若しくは証券投資信託(以下「公社債等」という。)が非課税とされる場合、その範囲は独立行政法人が引き続き所有していた期間に対応する金額として所得税法施行令により計算した金額に限定されます(所法法11④)。この際、非課税公共法人から登録等の期間が連続していれば非課税と認められる(所得税基通11-3)。

更に、公社債等の利子又は収益の分配に係わる部分については、次の要件を満たすことが必要となる。

① 公社債等に係わる有価証券を以下の方法により保管を委託すること(所法令51の2)。

(ⅰ) 金融機関の営業所等に保管を委託する方法

(ⅱ) 金融機関の営業所等が国債に関する法律又は社債登録方法に規定する登録の取扱いをする者である場合に当該金融機関の営業所等において登録を受ける方法

(ⅲ) 金融機関の営業所等が上記の取扱いをする者でない場合に当該金融機関の営業所等を通じて当該取扱いをする者において登録を受ける方法

② 当該公社債等の利子又は収益の分配を受けるべき日の前日までに、い

わゆる「非課税申告書」を上記金融機関の営業所等及び利子等の支払者を経由して、所轄税務署長に提出すること(所法令51の3)。

なお、適正・公正な課税の確保の観点や国債の流通・決済システムのグローバルスタンダード化を踏まえて、非課税制度の対象となる国債は、国債振替決済制度における一括登録債に限定されている。従って、個別登録債の場合には、非課税の規定は適用されない(所法令51の2、所規16)。

(2) 割引債の償還差益の取扱い

国債及び所定の金融割引債の償還差益については、独立行政法人であっても源泉徴収されます(措置法41の12②③)。しかし、独立行政法人は原則として所得税が非課税ですので、源泉徴収された金額は、償還時に還付を受けることとなります(措置法41の12⑥、措置令26の13)。

この還付を受けるためには、割引債の償還差益の支払を受ける日までに、還付請求書に当該割引債の取得年月日を証明する書類、その他財務省令で定める書類を添付して、当該割引債の発行者に提出する必要があります(措置令26の13⑤)。

2 給与、報酬等を支払う場合の所得税の源泉徴収義務

給与等及び料金報酬、並びに非居住者への支払者は、源泉徴収義務が課せられております。

(1) 給与、報酬

独立行政法人が給料等や報酬・料金などを支払う場合には、源泉徴収義務者となります。源泉徴収は、原則として対象となる所得を支払うときに徴収し、納付書により支払月の翌月10日までに納付します(所法181①)。

この源泉徴収事務を行うにあたっては、対象となる源泉所得の範囲に留意

することが必要です。例えば、職員等に金銭を支払っても非課税になるものがある反面で、金銭の支払いを行わなくとも旅費等の名目で支払うもの、渡し切りの交際費、その他経済的利益の供与として現物給与として認定されるものがあります。

また、役職員に給与を支払う場合には、通常、年末において年末調整を行うことが必要となります。

(2) 委員手当等

国又は地方公共団体の各種委員会等の委員に対する謝金、手当等の報酬は、一定の任命期間中身分的な拘束の下に役務を提供することにより受けるものであるから、原則として給与所得として取り扱われている。

しかし、実際には、予算や支出科目等の制約があって、名目は謝金、手当等となっていても、その実態は委員としての職務を遂行するための実費の弁償にすぎないと認められるものもあり、そのようなものにまで課税することは妥当でないため、次の要件のいずれをも満たすものについては、課税しないこととされている。

① その委員会を設置した機関から、その機関の職員として他に給与の支給を受けていない者に対するものであること（その機関の職員として他に給与の支給を受けている場合には、その職員が委員を兼務するために特に費用がかかることは一般的にないと認められるからである。）。

② その委員会から旅費その他の費用の弁償を受けていない者に支給するものであること（別に費用の弁償を受けていれば、謝金、手当等を費用の弁償とみる余地はないからである。）。

③ 委員会、協議会、審査会等の別に年1万円以下であることとされている。

(3) 消防団員の手当等

非常勤の消防団員が市町村から支給を受ける各種の手当等は、①出動回数に応じて支給される出動手当等と、②出動回数に関係なく年額、月額等の定額で支給される報酬とに大別されるが、これらを支給する市町村の実情により、出動手当等と報酬との双方が支給されるところもあり、また、いずれか片方だけが支給されるところもあって、必ずしも一様ではない。(所得税基通28－9)。

　しかし、いずれにしても出動手当等については、消防、水防等のために出動した場合に支給されるものであり、性格的には費用の弁償というべきものであるから、課税しないこととし、年額、月額等の定額で支給される報酬についても、形式的には定期・定額のものとなっているところから給与所得として課税すべきものであろうが、実質的に費用の弁償と認められるものについては年50,000円までは課税しないこととされている。

(4) 料金報酬（法人に対する支払いは除かれる）

区　分	源泉徴収税額の計算方法		関係法令
	控除額	徴収税額	
原稿料、講演料、著作権・工業所有権の使用料等	なし	支払金額の10% （100万円超の部分は20%)	所法204①一 〃　205一
司法書士、土地家屋調査士又は海事代理士の業務に関する報酬又は料金	1回の支払金額につき10,000円	支払金額から控除額を差し引いた残額の10%	所法204①二 〃　205二 所令322
弁護士、公認会計士、税理士等の業務に関する報酬又は料金	なし	支払金額の10% （100万円超の部分は20%)	所法204①二 〃　205一
社会保険診療報酬支払基金より支払われる診療報酬	その月分として支払われる金額につき200,000円	支払金額から控除額を差し引いた残額の10%	所法204①二 〃　205二 所令322
職業拳闘家の業務に関する報酬	1回の支払金額につき50,000円	支払金額から控除額を差し引いた残額の10%	

外交員、集金人、電力量計の検針人の業務に関する報酬又は料金	その月中の支払金額につき120,000円（給与の支払があれば、120,000円からその月中の給与の金額を控除した金額）		所法204①四 〃 205二 所令322
プロ野球の選手、競馬の騎手、モデル等の業務に関する報酬又は料金	なし	支払金額の10% （100万円超の部分は20%）	所法204①四 〃 205一
映画、演劇その他の芸能又はラジオ放送、テレビジョン放送に係る出演、演出、企画等の報酬又は料金	なし	同上	所法204①五 〃 205一
ホステス、バンケットホステス、コンパニオン等の業務に関する報酬又は料金	1回の支払金額につき5,000円に当該支払金額の計算期間の日数を乗じて計算した金額（給与の支払があれば当該金額から当該期間に係る給与等の額を控除した金額）	支払金額から控除額を差し引いた残額の10%	所法204①六 〃 205二 所令322 措置法41の19
役務の提供を約することにより一時に受ける契約金	なし	支払金額の10% （100万円超の部分は20%）	所法204①七 〃 205一
広告宣伝のための賞金	1回の支払金額につき500,000円	支払金額から控除額を差し引いた残額の10%	所法204①八 〃 205二 所令322
馬主が受ける競馬の賞金	1回の支払金額につきその20%相当額と600,000円との合計額		

(5) 非居住者等に対する支払い

種類	内容	関係法令
1 土地等の譲渡対価	国内にある土地等（土地、土地の上に存する権利、建物及びその附属設備又は構築物をいいます。）の譲渡による対価 （注）土地等の譲渡対価の金額が1億円以下で、か	所法161一 〃 二 〃 212① 所令281の2

		つ、その土地等を自己又はその親族の居住の用に供するために譲り受けた個人が支払うものを除きます。	
2	人的役務の提供事業の対価	国内において行う人的役務の提供を主たる内容とする事業で、次に掲げる者の役務の提供に係る対価 (1) 映画・演劇の俳優、音楽家等、職業運動家 (2) 弁護士、公認会計士、建築士、その他の自由職業者 (3) 科学技術、経営管理、その他の分野に関する専門的知識又は特別の技能を有する者	所法161二 〃 212① 所令282
3	不動産の賃貸料等	国内にある不動産、不動産の上に存する権利若しくは採石権の貸付け、租鉱権の設定又は居住者、内国法人に対する船舶若しくは航空機の貸付けによる対価	所法161三 〃 212①
4	利子等	利子所得のうち、次に掲げるもの (1) 公社債のうち日本国の国債、地方債又は内国法人の発行する債券の利子 (2) 国内にある営業所に預け入れられた預貯金の利子 (3) 国内にある営業所に信託された合同運用信託、公社債投資信託又は公募公社債等運用投資信託の収益の分配	所法161四 〃 212①
5	配当等	内国法人から受ける利益の配当、剰余金の分配、基金利息、投資信託（公社債投資信託及び公募公社債等運用投資信託を除きます。）及び特定目的信託の収益の分配	所法161五 〃 212①
6	貸付金の利子	国内において業務を行う者に対する貸付金で、その業務に係るものの利子	所法161六 〃 212① 所令283
7	使用料等	国内において業務を行う者から受ける次の使用料又は対価で、その業務に係るもの (1) 工業所有権等の使用料又はその譲渡による対価 (2) 著作権等の使用料又はその譲渡による対価 (3) 機械、装置及び用具の使用料	所法161七 〃 212① 所令284
8	給与、その他人的役務提供の報酬等	(1) 俸給、給料、賃金、歳費、賞与又はこれらの性質を有する給与その他人的役務の提供に対する報酬のうち国内において行う勤務その他の人的役務の提供に基因するもの (2) 公的年金等 　　ただし、外国年金を除きます。 (3) 退職手当等のうち受給者が居住者であった期間に行った勤務その他の人的役務の提供に基因するもの	所法161八 〃 212① 所令285

9 事業の広告宣伝のための賞金	国内において行う事業の広告宣伝のために、賞として支払われる金品、その他の経済的利益	所法161九 〃 212① 所令286
10 生命保険契約に基づく年金等	国内にある営業所等を通じて締結した生命保険契約、損害保険契約等で年金を給付する定めのあるものに基づいて受ける年金等 ただし、8(2)の公的年金等を除きます。	所法161十 〃 212① 所令287
11 定期積金の給付補てん金等	国内にある営業所等が受け入れた給付補てん金等	所法161十一 〃 174三〜八 〃 212①
12 匿名組合契約等に基づく利益の分配	国内において事業を行う者に対する出資につき、匿名組合契約等に基づいて受ける利益の分配	所法161十二 〃 212① 所令288
13 上場株式等に係る譲渡所得等	証券業者等を通じて行った上場株式等に係る譲渡所得等 (注) 国内に恒久的施設を有する非居住者が源泉分離課税を選択した場合に限ります（平成14年12月31日をもって廃止）。	旧措法37の11
14 特定口座内保管上場株式等の譲渡所得等	源泉徴収の選択をした特定口座を通じて行った上場株式等の譲渡等 (注) 平成15年1月1日から適用	措法37の11の4
15 懸賞金付預貯金等の懸賞金等	預貯金等の契約に基づき預入等がされた預貯金等を対象として行われるくじ引等の方法により支払等を受ける金品その他の経済的利益	措法41の9
16 割引債の償還差益	割引債の償還差益	措法41の12
17 免税芸能法人等が支払を受ける芸能人等の役務提供事業の対価等	(1) 租税条約により免税とされる「免税芸能法人等」が支払を受ける国内において行った芸能人、職業運動家の役務提供を主たる内容とする事業の対価（いったん源泉徴収された後に自己に帰属する部分について還付されます。） (2) 免税芸能法人等の事業のために①役務の提供をした芸能人等である非居住者及び②芸能人等の役務の提供事業を行った非居住者又は外国法人が、その免税芸能法人等から支払を受ける給与、報酬又は対価（(1)の対価から支払われるものに限ります。）	租税条約実施法3 措法42①

3 源泉徴収票、支払調書等の提出義務

(1) 前の2で説明の源泉徴収義務を伴う給与、報酬等の支払内容について支払調書の提出が義務付けられている。

(2) 手書き、ワープロのほか、光ディスク及び磁気ディスクによって提出できる法定資料は、次の48種類がある。
　① 利子等の支払調書
　② 国外公社債等の利子等の支払調書
　③ 配当、剰余金の分配及び基金利息の支払調書
　④ 国外投資信託等又は国外株式の配当等の支払調書
　⑤ 投資信託又は特定目的信託収益の分配の支払調書
　⑥ オープン型証券投資信託収益の分配の支払調書
　⑦ 自己の株式の取得等の場合の支払調書
　⑧ 報酬、料金、契約金及び賞金の支払調書
　⑨ 定期積金の給付補てん金等の支払調書
　⑩ 匿名組合契約等の利益の分配の支払調書
　⑪ 生命保険契約等の一時金の支払調書
　⑫ 生命保険契約等の年金の支払調書
　⑬ 損害保険契約等の満期返戻金等の支払調書
　⑭ 損害保険契約等の年金の支払調書
　⑮ 損害保険代理報酬の支払調書
　⑯ 無記名割引債の償還金の支払調書
　⑰ 非居住者等に支払われる組合契約に基づく利益の支払調書
　⑱ 非居住者等に支払われる人的役務提供事業の対価の支払調書
　⑲ 非居住者等に支払われる不動産の使用料等の支払調書

Ⅵ　公共・公益法人等のその他の税務

⑳　非居住者等に支払われる借入金の利子の支払調書
㉑　非居住者等に支払われる工業所有権の使用料等の支払調書
㉒　非居住者等に支払われる機械等の使用料の支払調書
㉓　非居住者等に支払われる給与、報酬、年金及び賞金の支払調書
㉔　不動産の使用料等の支払調書
㉕　不動産の譲受けの対価の支払調書
㉖　不動産等の売買又は貸付けのあっせん手数料の支払調書
㉗　非居住者等に支払われる不動産の譲受けの対価の支払調書
㉘　株式等の譲渡の対価の支払調書
㉙　交付金銭等の支払調書
㉚　信託受益権の譲渡の対価の支払調書
㉛　給与所得の源泉徴収票
㉜　退職所得の源泉徴収票
㉝　公的年金等の源泉徴収票
㉞　信託の計算書
㉟　有限責任事業組合に係る組合員所得に関する計算書
㊱　名義人受領の利子所得の調書
㊲　名義人受領の配当所得の調書
㊳　譲渡性預金の譲渡等に関する調書
㊴　新株予約権の行使に関する調書
㊵　生命保険金・共済金受取人別支払調書
㊶　損害（死亡）保険金・共済金受取人別支払調書
㊷　退職手当金等受給者別支払調書
㊸　信託に関する受益者別（委託者別）調書
㊹　特定口座年間取引報告書
㊺　特定振替国債等の譲渡対価の支払調書
㊻　特定振替国債等の償還金等の支払調書

㊼　先物取引に関する調書

㊽　国外送金等調書

4　税務調査と質問検査権

(1)　日本国憲法第30条に国民は納税の義務を負うと定められている。

　また、同第80条は国民に対する課税について、「新たに租税を課し、又は現行の租税を変更する権限は、国会の議決に基づいてこれを行使しなければならない。」と定めている。

　即ち、日本国憲法は租税法律主義を定めることにより、租税の創設、廃止はもとより、納税義務者、課税標準、徴税の手続きはすべて法律に基づいて定めなければならないと同時に、法律に基づいて定められるところにまかされている（最高裁判決　昭和30年3月23日）ところである。

　国の財政の基幹は国民の納税によるものであるが、その基本は国民自らの申告納税制度と課税当局への協力により確立されているといえる。

(2)　申告納税制度を側面から担保するものとして、税務当局の質問検査権制度が存する。その質問検査権の内容について、以下説明する。

イ　総説

　申告納税制度等納税の当否を税務当局が検証するためには、課税要件事実に関する資料の入手が必要である。しかし、資料の入手について納税者の任意の協力が得られるとは限らないから、各個別租税法は、必要な資料の取得収集を可能ならしめるため、税務職員に質問検査権、すなわち課税要件事実について関係者に質問し、関係の物件を検査する権限を認めている。

　これらの規定は、行政調査を認めるものであって、強制調査（相手の意に反して事業所等に立ち入り、各種物件を検査する犯罪の捜査）とは異なるも

のである。

　しかし、税務当局の質問に対する不答弁ならびに検査の拒否・妨害に対しては刑罰が科されることになっているから、直接の強制力はないが、質問・検査の相手方には、それが適法な質問・検査である限り、質問に答え検査を受忍する義務がある。従って、質問・検査は公権力の行使を内容とする事実行為といえる。相手方の同意がある限り任意に課税要件、適否等の調査を行うことは許されると解すべきであろう。

　質問検査権は、以上のように、直接的・物理的強制を認めるものではない。それは、また、租税の公平・確実な賦課徴収のために必要な資料の取得収集を目的とするものであって、犯則調査に直接に結び付く作用を一般的に有するものでもない。従って、その行使については憲法第35条および第38条は適用がないと解すべきであろう。ただし、このように解した場合に、憲法第38条の趣旨が実質的に損なわれるのを防止するためには、二つの解釈論上の歯止めをかける必要がある。第一は、質問・検査によって得られた資料は、関係者の刑事責任追及のために利用することはできず、また刑事手続きにおいて証拠能力をもたないと解すべきことである。第二に、税務職員が質問・検査の過程でたまたま納税義務者の租税犯則事実を知った場合は、税務職員の守秘義務が公務員の告発義務に優先し、税務職員はそれを外部にもらしてはならない義務を負う、と解すべきことである。

ロ　質問・検査の要件

　質問・検査は、各個別の租税に関する調査について必要があるときに行うことができる。「必要があるとき」というのは、客観的な必要性が認められるときという意味であって、必要性の認定は、税務職員の自由な裁量に委ねられているわけではない。客観的な必要性の認められない場合に質問・検査を行うことは違法であり、それに対しては答弁義務ないし受忍義務も生じない。

ハ　質問・検査の相手方

　質問・検査の相手方は、例えば所得税法に即してみると、三つのグループに分かれる。第一は、納税義務がある者、納税義務があると認められる者、損失申告書を提出した者等である。

　第二は、支払調書・源泉徴収票等の提出義務のある者である。第三は、例えば銀行のように第一のグループに属する者と取引関係のある第三者である。第一のグループに対する調査は、本人調査と呼ばれ、第二及び第三のグループに対する調査は、反面調査と呼ばれる。反面調査は、特に必要があると認められる場合のほかは、本人調査によって十分な資料の取得収集ができなかった場合にのみ認められる、と解すべきであろう。

　なお、連結法人に対しては、連結グループを一体のものとして質問・検査を行うことができる。すなわち、第一に、連結親法人の所轄国税局・税務署の職員は、連結親法人に関する調査について必要があるときは、連結子法人に対しても質問・検査を行うことができ、第二に、連結子法人の所轄国税局・税務署の職員は、連結親法人の連結法人に関する調査について必要があるときは、その連結子法人および連結親法人に対して質問・検査を行うことができ、第三に、連結親法人の所轄国税局・税務署の職員は、連結親法人の連結法人税について反面調査の必要があるときは、連結子法人の取引先に対しても反面調査を行うことができ、さらに連結子法人の所轄国税局・税務署の職員は、連結親法人の連結法人税について反面調査の必要があるときは、連結子法人の取引先に対しても、反面調査を行うことができる。

ニ　検査の対象物件

　個別の各租税法によって検査の対象とされている物件を、検査対象物件という。検査は、検査対象物件についてのみ許され、その閲覧・筆写等の方法で行われる。検査対象物件は、所得税については事業に関する帳簿書類その他の物件、法人税（連結法人税を含む。）については帳簿書類その他の物件、

相続税および贈与税については財産またはその財産に関する帳簿書類である。

所得税については、事業に関する物件のみが検査の対象となると解されるが、事業に関する物件とは、事業に関連を有する物件を広く含む趣旨である。なお。所得税法及び法人税法にいう「帳簿書類その他の物件」というのは、帳簿書類に類する物件のみでなく、帳簿書類を含め、事業に関する物件を広く意味していると解すべきであろう。

ホ　質問・検査の手続

　税務職員は、質問・検査をする場合には、その身分を示す証明書を携帯し、関係人の請求のあったときは、これを提示しなければならない。

　この規定は単なる訓示規定ではなく、強行規定である。これに違反する質問・検査は違法であり、それに対しては応答義務ないし受忍義務は生じないと解すべきである。

　質問・検査の日時・場所・理由等を事前に相手方に通知ないし開示しなければならないかどうかについては、争いがあり、判例は消極に解している。調査理由の告知は、明文の規定をまたずに憲法第31条の解釈上当然に必要で、これを欠く質問・検査は違法である、と解することはできないとしても、質問・検査が公権力の行使であることにかんがみると、立法・行政運営上その手続的整備の必要性は大きいといえよう。なお、税理士以外の第三者の立会を認めるかどうかは、担当税務職員の判断に委ねられている問題である。

ヘ　質問・検査と更正・決定との関係

　質問・検査が違法に行われた場合に、これに基づく更正・決定が違法となるかどうかについては、見解の対立がある。質問検査権は、租税の公平・確実な賦課徴収のために認められた権限であるから、その行使が違法に行われ

た場合に、それに基づく更正・決定が常に違法になるとはいえないであろう。しかし、質問・検査が、広い意味で租税確定手続の一環であるのみでなく、公権力の行使であって、納税義務者の利害関係に種々の影響を及ぼすことにかんがみると、質問・検査がその前提要件を欠く場合など著しい違法性を有する場合は、それに基づく更正・決定は違法になると解すべきであろう。

5 特定公益増進法人の制度

個人、法人が公共・公益法人等のうち「特定公益増進法人」に対して寄附した場合、税金の減免措置が講じられている。

個人では寄附金控除として課税所得から、年間200万円を限度として控除でき、所得税を軽減できる（所得控除）。

また、普通法人では、一般寄附金の限度額とは別に、これら指定を受けた公益法人に寄附した場合はその計算とは別に一般寄附金の限度額と全額を限度に損金処理ができる。

公益法人にとっては、この特定公益増進法人に指定されると、寄附収入の増加が期待でき、また公益性をより強調できるところから、その申請に熱心な公益法人が数多くある。

しかし、その主務大臣の認定は相当厳しいもので、かつ、2年ごと（財務省令で定めるものは5年）の再認定が必要である。

法人税法上、特定公益増進法人については、「公共法人、公益法人等その他の法律によって設立された法人のうち、教育又は科学の振興に文化の向上、社会福祉への貢献その他公益の増進に著しく寄与するものをいう」（法人税法第37条第3項第3号）とされ、同施行令第77条第1項第3号に次の23事業が列挙されている。

すなわち、

① 科学技術の試験研究
② 科学技術試験研究の助成
③ 科学技術知識の普及
④ 人文科学の助成
⑤ 学校教育の助成
⑥ 学資支給貸与、寄宿舎の設置運営
⑦ 大学の教員、学生の宿泊研修施設の設置運営
⑧ 青少年に対する社会教育
⑨ 芸術の普及向上
⑩ 文化財、歴史的風土の保存活用
⑪ 経済協力
⑫ 経済協力（公共的施設の管理運営）
⑬ 海外における日本理解の増進
⑭ 海外における日本理解の増進の助成
⑮ 更正保護事業
⑯ 受刑者等の面接指導
⑰ 貧困者の訴訟援助
⑱ 野生動植物の保護繁殖
⑲ 自然環境の保存活用
⑳ 緑化事業の推進
㉑ 薬物乱用防止、青少年非行防止
㉒ 水難に係る人命救済
㉓ 以上の業務のうち、2以上の業務を一体のものとして行うこと

以上の業務を主たる公益法人の事業目的とし、下記要件を充足しているについて、主務大臣の認定を受けることを要件としている。

　(i) その業務の運営組織及び経理処理が適正であると認められること
　(ii) 相当と認められる業績が持続できること

(ⅲ)　受け入れた寄付金によりその役員または使用人が特別の利益を受けないこと

　　(ⅳ)　特定の者において独善的な運営がされていないことなど

　主務官庁に申請を提出しても、特定公益増進法人として認められない公益法人があることは承知のとおりである。認可された現在数は約1,000件といわれている。

Ⅶ 公共・公益法人等に対する税務調査

　最近マスコミ等に大々的に取り上げられ注目を引いているものがかなり見受けられる。
　公平な税務運営の見地から、社会的にも、国民感情からしても税務調査対象の聖域はなくなったと考えなければならない。

1 税務調査の対象の選定

　収益事業を行っていて法人税等の申告を行っている公共・公益法人はもとより、申告を行っていない公共・公益法人についても調査の対象は拡大していると考えられる。
　税務当局は次のような方法により情報を収集している。

(1) 公共・公益法人の活動状況の把握
　公益法人等については、税務当局は基本的には登記事項調査により把握するのであるが、必要に応じて、次の方法等による効率的な把握に努め、充実を図ることとしている。
　特に、各所管官庁や関係団体のホームページ、公益法人が独自に開設しているホームページについては、公益法人の把握及び事業活動内容等を確認する上で有効な情報が多いことから、効率的な情報収集をしている。
　① 登記事項調査による調査
　② 各種名簿による調査
　　都道府県及び各種団体等が作成又は発行している公益法人等名簿等

③ 他の税務調査又は、同種の公共・公益法人からの税務上の資料情報等から把握
④ マスコミ報道等
　新聞、雑誌、テレビ等の報道に基づく情報のコンピューターによる蓄積
⑤ インターネットによる把握など

名　称（URL）	情報の内容等
公益法人データベース (http://www.koeki-data.org/)	① 国、都道府県所管のすべての公益法人名、住所、所管官庁の情報を提供 ② 法人名、所在地等での検索が可能
WAM　NET（ワムネット） (http://www.wam.go.jp/)	① 介護保険事業者の情報を提供 ② 所在地・名前等での検索が可能
都道府県指定都市社会福祉協議会 (http://www.shakyo.or.jp/links/kenshakyo.html)	○ 福祉関係団体のHPへアクセス可能
内閣府ホームページ（NPO） (http://www.cao.go.jp/)	○ NPOの設立等認証状況が確認可能
団体NET（各種団体情報検索サイト） (http://www.dantai.net/)	○ 公益法人の行う業務内容による検索が可能
学校法人情報検索システム (http://meibo.shigaku.go.jp/g_top.htm)	○ 学校法人名等による検索が可能

(2)　申告されていない収益事業を行っている事実の把握

　公益法人については、収益事業があるにも係わらず、収益事業との認識を持たずに事業活動を行い、税務申告していないケースが多いことから、次の方法等により把握・確認がされている。
　① 収支計算書の添付書類等による把握
　② インターネットを利用し、該当法人のホームページから事業内容・事業報告書（収支決算書）等を把握

(3) マスコミ報道の活用とグループの割出し

公共・公益法人グループ法人の把握

公益法人の調査に当たっては、関係法人を含むグループ法人に対しても同時期に実施することが効果的であるとされている。法人税確定申告書、収支計算書、グループ各代表者等の個人確定申告書、調査時の法人概況及び各種のマスコミ情報等の集結を把握し、グループ調査が計画されている。

(4) 収益事業と公益事業の区分状況

過去からの収支計算書等を取り寄せて収入、支出の状況、変化、内容・事業規模、役員、構成メンバー等を慎重に検討した上、税務調査の対象を選ぶこととされている。

これらの調査検討に先立って事業内容について回答を求めることとしている。

(事業内容等の照会における回答書例)

事業内容等についての回答書

平成　年　月　日

税務署長　殿

所　在　地
電話（　　）
法　人　名
又は団体名
代表者氏名

応答者氏名

お尋ねのことについて、次のとおり回答します。

設立年月日	昭和・平成　年　月　日	会計年度	月　日～　月　日
法人又は団体の性格	□ 社団又は財団法人　□ 社会福祉法人　□ 宗教法人　□ 学校法人 □ 労働組合（登記 □ 有・□ 無）　□ 人格のない社団又は財団　□ 個人経営　□ その他（　） ※法人格取得の有無　□ 有（取得年月日：　年　月　日）・□ 無 ※組合員又は会員からの出資の有無　□ 有・□ 無			
事業目的			
役員	氏名及び役員 住　　所|		
所管官庁	□ 有（官庁名　　　　　　）・□ 無　期末役員・従事員等数(役員　人、従事員　人)			
貴人団体からの出向者の有無　□ 有（出向先団体㈳名称・所在地　　　　　　　　）・□ 無			
貴人団体からの出向者の有無　□ 有（出向元団体㈳名称・所在地　　　　　　　　）・□ 無			

事業又は収入の具体的内容等			収入金額(直近3年度分)旧一新			法人税の募集区分	消費税の課税区分
	主な収入先	主な支払先	至　年 月期	至　年 月期	至　年 月期		
	名称及び所在地	名称及び所在地	千円	千円	千円	□収益 □非収益	□収益 □非収益 □不課税
	名称及び所在地	名称及び所在地	千円	千円	千円	□収益 □非収益	□収益 □非収益 □不課税
	名称及び所在地	名称及び所在地	千円	千円	千円	□収益 □非収益	□収益 □非収益 □不課税

(注)　1　□のある項目については、該当する項目に印を表示してください。
　　　2　「事業又は収入の具体的内容」欄の記載要領については裏面をご覧ください。(記載例を掲げております。)
　　　3　「主な収入先」、「主な支払先」欄には、それぞれの事業等に係る主たる収入先及び支払先（例えば仕入先、外注先など）を記載してください。

税務署処理欄	

(裏面もご覧ください。)

(裏面)

法人名 又は団体名 _____

事業又は収入の具体的内容等			収入金額(直近3年度分)旧一新			法人税の募集区分	消費税の課税区分
	主な収入先	主な支払先	至　年 月期	至　年 月期	至　年 月期		
	名称及び所在地	名称及び所在地	千円	千円	千円	□収益 □非収益	□収益 □非収益 □不課税
	名称及び所在地	名称及び所在地	千円	千円	千円	□収益 □非収益	□収益 □非収益 □不課税
	名称及び所在地	名称及び所在地	千円	千円	千円	□収益 □非収益	□収益 □非収益 □不課税
	名称及び所在地	名称及び所在地	千円	千円	千円	□収益 □非収益	□収益 □非収益 □不課税
	名称及び所在地	名称及び所在地	千円	千円	千円	□収益 □非収益	□収益 □非収益 □不課税
	名称及び所在地	名称及び所在地	千円	千円	千円	□収益 □非収益	□収益 □非収益 □不課税
	名称及び所在地	名称及び所在地	千円	千円	千円	□収益 □非収益	□収益 □非収益 □不課税

※　「事業又は収入の具体的内容」欄には、事業の内容や収入の内容をできるだけ具体的に記載してください。

(記載例)
・物品、書籍等の販売
・事業資金、生活資金等の援助
・物品の製造
・物資等のあっ旋又は貸出
・保険事務、共済事業の取扱い
・土地、駐車場、建物等の賃貸
・会議室、ホール等の賃貸
・宿泊施設の経営
・遊戯施設等の経営
・食堂、喫茶店の経営
・老人ホーム学習塾等の経営
・自動販売機、公衆電話等の設置
・公共施設等の管理の受託
・公金の徴収、収納の受託

2　社団・財団法人の調査

(1)　税務調査の準備として行われるもの

　社団・財団法人については、特にその営む事業が多岐にわたることから、税務当局としては、調査準備の段階での事業活動に対する情報収集・事業活動等に対する情報の収集及び事業内容の事前の検討が重要であるとされている。

　法人税の確定申告書が提出されている場合には、添付されている決算書等から収益事業はもとより、公益事業についても収益事業となり得るべき事業がないかどうか検討するとともに、法人全体の活動状況の把握をしている。

　なお、収支計算書の提出のある法人については、その収支科目等だけでは事業内容の把握が困難であるため、

①　インターネットを活用して事業概況を把握
②　照会文書等を送付して事業概況を把握するなどして、新たな課税関係が生じるか否かを検討している。

　具体的な検討項目は次のとおりである。

①　事業の内容及び規模
②　補助金及び会費等の特定収入の有無
③　所管官庁
④　代表者の変遷
⑤　取引先等の申告状況
⑥　過去の調査状況
⑦　関連法人等の状況
⑧　消費税に係る調整計算の検証
⑨　マスコミ情報等の検討

(2) 事業区分の判定

　公益法人等の課税上の問題点は収益事業等の判定に関するものが多く、法人の中には収益事業等の判定を従前からの慣例等に則り、誤った申告をしている場合もあることから、法人が行っている収益事業等の判定をそのまま受け入れることなく、収益事業に該当するか否かについて検証されている。

　法人の中には、黒字の収益事業を公益会計で、また、赤字の非収益事業を収益会計で経理するといったこともあることから、収益事業等の判定は、公益会計に収益事業が含まれていないかということに止まらず、収益会計に非収益事業が含まれていないかなどについても検討されている。

(3) 不正経理の態様など

　社団・財団法人については、国等と密接な関係にあることから、予算準拠主義を採用しており、年度末において予算の未消化がある場合には、経費の繰上げ計上等が行われやすく、収益事業においても、利益調整目的で同様の不正経理が行われているケースがある。

　しかしながら、一般的に公益法人等は、証ひょう類の保存状況は良好であることから、これらの表面的な検討のみではなかなか取引等の実態が判明しないことも多く、反面調査等が行われている。

　また、外注費等の支払い先については、公益法人のOB等が主宰しているなど、深い関わりのある一般法人が介在しているケースがあることから、これらを利用した架空原価の計上等が想定されることから、これらの外注先等、更にその先の外注先等に対しても反面調査されたケースもある。

　想定される不正計算は次のとおりである。

① 予算消化型の経費の繰上計上
② 関係法人等を利用した不正計算
③ 上部団体等の取引先が負担すべき経費の付け回し
④ 雑収入（自販機収入、出向者負担金等）等の除外

⑤ 架空原価の計上

⑥ 共通経費に不適正な按分率を採用した経費の過大計上

⑦ 事業収入の除外

⑧ リベート収入の除外

⑨ 理事長等、役員の個人的費用の付け込み

⑩ 利益調整目的の収入の繰り延べ

(4) 税務調査時のチェック項目など

イ 収益事業区分

① 収益事業と非収益事業の区分に誤りはないか。

② 資産及び負債に関する経理についても、収益、非収益事業の区分経理がなされているか。

③ 収益事業と非収益事業とに共通する費用等は、継続的に合理的基準によって配賦されているか。

④ 収益事業に属する資産から非収益事業のために支出した金額は、寄附金として限度計算の対象としているか。

⑤ 調査によって非収益事業の除外等を把握した場合、共通費の収益事業への配賦が結果として過大となっていないか。

ロ 実費弁償確認法人

① 剰余金の額は、通常必要と認められる経費のおおむね1か月相当額以下か。

（算式）

(総経費の額)　　　　　　　　(累積剰余金の額)

_____ 円 × 1/12 ≧ _____ 円

② Aの「総経費の額」及び「累積剰余金の額」は税務計算上の額によって計算されているか。

ハ　収益事業の判定

　　非収益事業に収益事業が含まれていないか。

ニ　経理内容等の検討

　①　予算消化のための費用等の繰上計上はないか。

　②　業者等からのリベート収入除外はないか。

　③　施設等の建築又は増改築に係る価格の水増し計上はないか。

　④　一般への施設等貸出に係る収入の除外はないか。

　⑤　個人的経費の付込みはないか。

　⑥　役員からの多額な借入金や寄附金の資金の出所は明確か。

　⑦　会館、施設等の利用状況は適正か。

　⑧　関係法人との取引に不審点はないか。

　⑨　旅費や交際費を使用していない役員はいないか（勤務実態はあるか。）。

　⑩　役員の親族に対する架空給与等の支給はないか。

　⑪　収益事業と非収益事業とに経費等の二重計上はないか。

　⑫　非収益事業の売上高は適正に計上されているか。

ホ　源泉所得税関係

　①　理事長等役員に対する報酬の課税は適正か（個人資産の取得及び個人的経費捻出のための簿外報酬の有無など）。

　②　理事等に対して渡切交際費、旅費等の支給。

　③　2か所以上から給与の支給がある場合、税額表の適用は適正か。

　④　臨時職員（アルバイト）に対する課税は適正か。

　⑤　給与の名義分散を行っていないか。

　⑥　各種委員等に対する謝金、手当等の課税は適正か。

　⑦　○○周年等のイベントにおける講演料、芸能報酬等に対する課税は適

正か。

ヘ　消費税関係
　① 非収益事業に係る会計を含めたところで消費税の計算を行っているか。
　② 雑益、雑損失の中に消費税の課税取引がある場合、課税標準の総額に含まれているか。
　③ 消費税の申告が原則課税の場合、経費等に係る課否判定を行っているか。
　④ 課税売上割合の計算上、非課税売上げを分母に加算しているか。
　⑤ 課税売上割合が95％未満の場合、個別対応方式に係る適用区分は正しく行われているか。
　⑥ 簡易課税における事業区分の判定及びみなし仕入率の適用は、正しく行われているか。
　⑦ 非課税売上げのうち免税売上げと処理したために、課税売上割合が95％以上となっていないか。
　⑧ 個別対応方式を採用している場合、非課税売上げに係る課税仕入れについても全額仕入税額控除の対象としていないか。
　⑨ 個別対応方式を採用している場合、共通分を全額仕入税額控除していないか。
　⑩ 資産の売却益のみを課税売上げとしていないか。
　⑪ 会費の内容を検討し、課否判定を行っているか。
　⑫ 受託事業に係る収入は名称にこだわらず、その内容から課否判定を行っているか。
　⑬ 駐車場の貸付けを課税売上げとしているか。
　⑭ 住宅用のマンション貸付け収入のうち駐車場料金を別に徴収している場合、駐車場料金を課税売上げとしているか。

⑮　店舗用又は事務所用の建物を貸し付けている場合、課税売上げとしているか。

ト　特定収入
① 原則課税の場合、特定収入割合の検討を行っているか。
　(i)　5％超の場合は要調整
　(ii)　5％以下の場合は調整不要
　（注）1　特定収入に係る調整計算の要否は、特定収入割合によって判定する。
　　　　2　特定収入割合＝$\dfrac{\text{特定収入の合計額}}{\text{資産の譲渡等の対価の額の合計額（税抜き）}＋\text{特定収入の合計額}}$

② 特定収入に係る課税仕入れの調整計算を行っているか。
③ 補助金、喜捨金、寄附金、保険金、損害賠償金、対価性のない負担金、会費、分担金収入がある場合、特定収入としているか。
④ 株式配当金、還付加算金を特定収入としているか。
⑤ 特定収入に係る課税仕入れ等の消費税額を4/105を乗じて算出しているか。
⑥ 使途が特定されていない特定収入がある場合、調整割合による調整を行っているか。
　（注）調整割合が5％以下になった場合でも、特定収入割合が5％超の場合は特定収入に係る調整計算を行うことになる。
⑦ 使途を特定している場合、その使途を明らかにした文書があるか。
　(i)　特定支出に使途が特定されているものを特定収入から除いているか。
　(ii)　課税仕入れ等に使途が特定されているものを特定収入としているか。

3　社会福祉法人の調査

(1)　調査の準備として行われているもの

　社会福祉法人については、理事長等の役員から租税特別措置法第40条の規定に基づく受贈資産がある場合が多く、その受贈資産を過大に計上して不正に補助金を受給するケースがあること及び建設会社と通謀して老人ホーム等の建築費等を水増し請求させ、後日理事長が回収していたケース等があることから、資産の取得状況、内外観調査による施設の確認、また、新規施設が取得されている場合にはその建築業者等を予め把握しておくこととしている。

　また、保育園等については、同族的な色彩が濃いことから、私的契約児に係る収入を除外し理事長等の個人的な蓄財に充てているケースもある。

　なお、地方公共団体では、措置児（正規の申し込み手続きを踏んで入所した園児）の数が施設の収容定員割れとなっている場合に限り、その定員に達するまで私的契約児の受け入れを認めているが、定員を超えて私的契約児を受け入れることがないよう社会福祉法人を指導していることから、私的契約児に係る収入を公表外としている場合が多い。

(2)　税務調査の対応

　社会福祉法人については、通常行われる事業（介護サービス事業等）については、非課税（法法令5①二十九イ～ヨ）とされており、収益事業に該当するものとしては、老人ホーム等においては、牛乳のリベート収入、清涼飲料水の販売利益及び老人への物品販売等が、また、保育所等においては、園児に対して課外授業として実施する音楽教室等が該当することとなることから、施設環境の把握等、情報の集約が重要とされる。

> 保育園については次の書類等で園児数の把握が行われている。
> ① 施設に義務付けられている入所者に関する帳簿書類（保育経過等）
> ② 入所者名簿
> ③ 出席簿
> ④ 緊急連絡網
> ⑤ 園児の下駄箱
> ⑥ 卒園アルバム
> ※ 措置園児については、措置費請求書控え又は市町村から送付された措置費内訳書等からその人数を把握することが可能である。

(3) 想定される不正経理の態様
① 私的契約児に係る収入除外
② 施設建築費用の水増し計上
③ リベート収入の除外

---【リベート・雑収入の種類】---
イ．牛乳のリベート　ロ．清涼飲料水の販売利益　ハ．研修生実習費
ニ．体験入園・ショートステイ料金　ホ．団体保険手数料
ヘ．モデル事業補助金　ト．おむつ処理手数料
チ．老人への品物販売代金

(4) 社会福祉法人と源泉所得税
イ 税務調査に先がけて行われる概況説明のポイント
　社会福祉法人に対する源泉所得税の調査においては事業内容、役員の状況、利用料収入の管理状況、施設の設備・整備状況等、概況説明を求められる。

ロ　現物確認調査

　施設の設備、入所人員数、職員数等について実地に確認される。

ハ　帳簿調査

　帳簿調査は、調査法人の経理規定、事務処理手順等について行われる。

＜会計に関する帳簿書類＞

　施設を経営する社会福祉法人にあっては、一般会計では本部会計と施設会計に区分してそれぞれの区分ごとに帳簿書類が作成される。また、当該法人が収益事業を行っている場合には、特別会計に関する帳簿書類が作成されることとなる。

　したがって、これらの会計間の関連性に配意しながら検討が行われている。

　なお、法人が2以上の施設を経営しており、一部の施設が他署管内に所在し、その源泉所得税の納税地も他署管内となっている場合は、当該施設に臨場して調査が行われる。

① 本部会計

　本部会計においては、その経営する施設の整備に係る収入及び支出、法人本部の事務費等の経理が行われる。この場合、事務費については、施設会計における事務費・事業費のような公的資金による助成は行われないことから、その原資は寄附金収入、雑収入及び特別会計からの繰入金に依存することになることから、次のような事項について検討されている。

(i) 役員報酬

　社会福祉法人の役員は、理事6名以上、監事2名以上という基準のもとに、法人の定款においてその数が定められており、上記のような資金事情から、一般的には専任役員に報酬を支払っている例は少なく、役員

が施設長を兼務して施設会計から施設長としての給料・手当を受けるケースが多いことから、役員報酬については、支給の有無及び課税の適否が検討されている。
(ⅱ) 退職金

役員及び使用人（施設職員を含む。）の退職金について、法人が独自の退職金制度を有している場合には、事務費の「退職給与及び引当金繰入勘定」で経理することになっている。

しかしながら、小規模な社会福祉法人は、独自の退職金制度を持たず、専ら公的共済制度及び私的共済制度に加入して職員の退職手当を賄っているのが実情である。

このため、退職金については、「一の退職により2以上の退職手当の支給を受ける」場合の課税の取扱いに留意し、次の点に重点を置き、その課税の適否が検討されている。

　a　独自の退職金制度を有しながら公的共済制度又は私的共済制度にも加入していないか。

　　　また、特別会計から別途退職一時金等を支給していないか。

　b　独自の退職制度を有しない法人が公的共済制度及び私的共済制度の双方に加入していないか。

(ⅲ) 固定資産取得費及び修繕費

社会福祉法人が建物等の新築、増改築、修繕等を行う場合には、理事会の議決を経て事業計画書を作成し、資金調達を行うことになるが、その資金は、①社会福祉事業振興会又は社会福祉協議会からの借入金、②市（区）町村及び日本自転車振興会等からの補助金等によって賄われるのが一般的である。

したがって、固定資産取得費又は修繕費が多額な場合には、この事業計画書等により資金出所も検討されている。

(ⅳ) その他の事務費

事務費のうち、その他の各勘定科目については、通常の調査の例により、給与等として課税すべきものの有無、報酬・料金等の有無等が検討されている。
(v) 補助金収入
本部会計に計上される補助金収入には、次のようなものがある。
　　a　地方公共団体から交付される施設整備費又は設備整備費に係る補助金
　　b　船舶振興会、自転車振興会等の特殊法人から交付される施設又は設備、整備に係る補助金

社会福祉法人は、主務官庁に対し、毎年財産目録、収支計算書等の提出を義務付けられていることから、一般的にこれらの補助金収入を除外することは考えられないが、補助金の不正受給のケースもあることから、これらの収入金の使途等について事業計画書等により検討されている。
(vi) 寄附金収入
法人本部の経常経費に充てるための寄附金及び施設の整備費に当てるための寄附金は、本部会計の寄附金収入に計上される。

寄附金収入については、寄附金台帳等により寄附の相手方を確認し、次により検討されている。
　　a　役員等からの寄附金について資金出所に不審点はないか
　　b　役員及び職員の給与等のうちから寄附を受けている場合の税額計算は適正か
　　c　部外者から受けた寄附金が正しく計上されているか
(vii) 借入金
社会福祉法人の外部からの借入金には、①法人又は施設の経常経費に充てるための資金としての経常資金借入金と②固定資産の取得のための資金としての設備資金借入金の2種類がある。

①の施設の経常経費は措置によって賄われていること、また、②の借入金は公的機関からの低利融資が受けられることから、一般的には役員等個人からの借入金が生じることはないと思われる。

従って、多額の個人借入金が生じている場合には、その理由及び資金出所について検討されている。

② 施設会計

施設会計は、施設を経営する社会福祉法人の中核となる会計であるから、重点的に調査されている。

この場合、調査対象施設の所在地が法人本部の所在地と異なるとき（いわば支店に相当するとき）は、当該施設会計のみの調査に止まらず、法人全体の事業活動状況、財産目録、貸借対照表、収支計算書等を把握し、本部会計との関連事項、本部との連絡状況等について、調査が行われている。

(i) 収入金関係

a 利用料収入・利用者負担金収入

保育所にあっては、私的契約児の保育料（措置児の保護者が市町村に納入する保育料に相当するもの）が利用料収入となる。

また、措置児及び私的契約児の保護者から徴収する実費弁償の保育材料費、通園バス代、超過保育料等も利用料収入に計上するのが一般的である。保育所以外の施設では、上記と同種の性質を有する入所者等からの徴収金が利用者負担金収入として計上される。

これらの利用料収入等については、次により収入金額が正しく計上されているかどうか検討されている。

・ 措置者以外の私的契約者の有無の確認
・ 私的契約者の存在が確認された場合には、利用料収入等の計上額
・ 入所者の保護者等から徴収する時間外保育料その他の実費弁償

費用等の収入の計上額
b　リベート収入

　保育教材、給食材料その他の物品納入業者からのリベート、あっせん手数料等、施設整備に伴う施工業者からのリベート等については、次により検討されている。

- 物品納入業者等から大量に保育教材等の購入をしている場合に、購入単価等に不審点はないか
  また、納入業者等が理由なく変更されていないか
- その他の収入等はないか

c　措置費収入

　措置費収入は、施設の事務費及び事業費に充てるため、毎月、市町村から交付されるものであり、一般的にこれを除外するケースは考えられない。

　ただし、措置費収入は、当該施設の主たる収入であること、その指定口座へ振込入金されることから、その金融機関名等が確認されている。

d　補助金収入

　都道府県及び市町村には、施設の経常経費に充てるため独自で各種の補助金を交付しており、具体的には次に掲げるような費用の補助を行っている。

- 施設の維持補修費
- 加配保育士等の人件費
- 乳児保育のための事業費
- 職員の研修、健康診断費
- 給食費等

　これらの補助金収入については、一般的に収入除外は考えられないが、不正受給するケースもあるとされている。

e　寄附金収入

　　施設に対する寄附金がこの勘定で経理される。

(ii)　事務費関係

　施設職員の人件費、福利厚生費その他の一般管理費等は事務費として経理されるが、これらの検討に当たっては、特に経費の架空計上や水増し計上のケースもあることから、証ひょう書類の検討の際は筆跡等の検討や反面調査や銀行調査等が行われている。

(注)　施設会計において多額の剰余金が生じた場合には、当該社会福祉法人は、主務官庁に報告するとともにその剰余金の使用につき協議しなければならないことになっている。このため、特に決算期末（3月末）近くに仮装経費等の計上が行われ易い。

　　a　人件費

　　　・　架空人件費等

　　　・　架空人件費の計上又は人件費の水増し計上はないか。また、非常勤職員を常勤職員に仮装していないか。

　　　(注)　施設において雇用すべき最低人員数に留意する。

　　　・　各種手当

　　　給与勘定以外の勘定科目で支給される各種手当の課税は適正か。

　　　(注)　施設職員の処遇改善に資するため、施設の種類に関係なく、民間との賞与の格差を補てんするための補助金を交付する地方公共団体が少なくない。

　　b　その他の経費

　　　・　架空経費等

　　　人件費以外の経費について、架空計上又は水増し計上はないか。

　　　(注)　社会福祉法人については、予算の執行上、交際費の支出は認められていないことから、この資金をねん出する手段として不正計算が行われることがある。

・　その他

　　源泉固有の間違いはないか（建築設計士、司法書士への報酬等に係る源泉徴収）

(ⅲ)　事業費関係

　保育所以外の施設においては、入所者の生活費、すなわち、給食費、被服費その他の費用が事業費として経理される。

　従って、保育所以外の施設を経営する社会福祉法人は、これらの費用が適正かどうかを検討される。この場合、経費の支出の状況からみて異常なものがないか、また、決算期末における支出状況に不審点がないかどうかを検討される。

（注）保育所の施設会計においては、事務費と事業費を区別することなく、事務費で経理することになっている。

③　特別会計

　特別会計は一般会計と比較される会計単位であり、施設を経営する社会福祉法人にあっては、附帯的公益事業又は収益事業を行う場合に組まれる。また、職員の相互扶助を目的とする事業、すなわち、慶弔金品の給付、住宅資金その他の金銭の貸付、退職一時金の給付等の事業を行う場合にも、特別会計が組まれることになる。

　一方、施設の経営を主たる事業としない社会福祉法人、例えば、社会福祉協議会等にあっては、主たる事業に係る会計は一般会計で、また、特別に行う事業に係る会計は特別会計でそれぞれ経理される。

(ⅰ)　施設を経営する社会福祉法人の特別会計

　施設を自ら設置し運営する社会福祉法人が、収益事業を行い、特別会計で経理している場合があることから、源泉所得だけの調査だけでなく、収入除外の有無、架空経費の有無及び消費税の適否についても検討される。

(ⅱ)　その他の社会福祉法人の特別会計

施設の経営を主たる事業としない社会福祉法人であっても、主たる事業のほかに特別の事業を行い、特別会計で経理しているものもある。

これらの特別会計についても、その事業内容を確認し、必要に応じて収入及び支出の検討も行われる。

＜源泉所得税に関する帳簿書類＞

源泉徴収関係簿書については、会計帳簿等と関連させながら検討される。
① 給与及び賞与の支給額は正しく記載されているか。
② 役員報酬に対する税額表の適用等に誤りはないか。
③ 複数の施設から同一人に支給される給与の課税は適正か。
④ 嘱託医の報酬の課税は適正か。
⑤ 医療保護施設等における派遣医の報酬の課税は適正か。
⑥ 臨時職員に対する給与の課税は適正か。
⑦ ベースアップ差額の課税は適正か。
⑧ 源泉徴収した所得税の納付は正当か。
⑨ 退職金課税は適正か。
⑩ 報酬・料金等の課税は適正か。

4　宗教法人の調査

(1) 税務調査の準備として行われるもの

宗教法人は、斎場収入、墓石周旋手数料及び布施収入等を除外し代表者が個人的に費消するケースが多いことから、新聞、チラシ等から葬儀の実施件数や墓地の分譲状況等の資料情報を資料化している。

なお、布施収入等の収入形態や行事等は宗派により異なることから、事前に内外観調査等で実態を把握している。

(2) 税務調査される事項等

　宗教法人の行う収益事業としては、駐車場等の貸付（駐車場業）、墓石業者からの手数料収入（周旋業又は仲立業）、結婚式の披露宴における飲食物の提供（料理店業その他の飲食店業）、経営する幼稚園等における制服等の販売（物品販売業）など、共通した収益があるので、収益事業への計上の適否について検討される。

　また、源泉所得税の観点からは、宗教法人といえども一般法人と同様に役員や使用人に対する給与等、税理士等の報酬・料金等の源泉徴収を行って納付する必要があるが、特に宗教法人の場合は法人と個人の関係に明確な区別がされていない場合が多く、布施収入、賽銭収入、奉納金及び塔婆収入等、公私の区分がはっきりしていない場合が多いことから、可処分所得からの検討も行われている。

(3) 不正経理の態様等

　宗教法人の住職等は、①法人税法上「非課税とされる住宅用地の低廉貸付け」の規定があることから、他の収入（例えば、駐車場収入等）についても非課税と考えている場合があること、②調査によって是正されたとしても、納税資金を檀家等からの寄附金で賄うなどの傾向にある。

　具体的には、
① 布施収入の除外
② 墓石業者等からの周旋手数料等の除外
③ 斎場貸付収入の除外
④ 不動産賃貸収入の除外
⑤ 個人的経費の付け込み
等が挙げられる。

(4) 宗教法人と源泉所得税

宗教法人における源泉徴収の取扱いについては、次に掲げるものなど特殊なものが多い。

① 役僧料と源泉徴収

複数の僧侶により行われる葬儀について、呼称は地域や宗派により異なるが、僧侶の数により片鉢（導師と呼ばれる、通常、檀家寺の僧侶と導師とともに読経をする役僧（又は参勤僧侶ともいう。）と呼ばれる僧侶3人により行われるもの）等の形式がある。

この場合の、喪主が導師に支払った布施から役僧に対して支払った金額の取扱いは、先ず、特定の宗教法人（仏教寺院等）に所属する僧侶の布施収入は、一義的には宗教法人に帰属すると考えられ、導師の属する宗教法人における源泉徴収（給与課税）の問題は生じないと考えられているが、特定の宗教法人に所属していない僧侶に関してはこの限りでないと考えられる。

② 住宅の提供

宗教法人の住職等が庫裏や社務所等に家族とともに居住する場合について、その住宅の供与を受けることによる経済的利益については、本尊や墓所等の維持・管理等常駐して業務を行う必要性が認められ、かつ、住職等が居住する家屋等として社会通念上相当な範囲内である場合にはいわゆる強制居住家屋として非課税となる（所法9①六、所令21四）。

しかしながら、庫裏や社務所などに住職や宮司が居住することについては、既に確立した慣行としてあまり疑義があるケースは少ないが、一部の新興宗教では、宗教施設とは認めがたい住宅の供与を別途行っている場合もある。

③ 法衣等の提供

法衣については、もっぱら業務を行う場所においてのみ着用されるものであることから、一般的な法人で従業員等に供与される事務服、制服等と同様に、職務の性質上欠くことができないものとして非課税とされている

（所法9①六、所令21②③）。

④　役員等の師弟等の学費の負担

　住職の子息が、後継者となるために仏教系の大学に進学した場合の学資金を、宗教法人が負担した場合については、職務の遂行上の必要に基づき支給した金品には該当しないと扱われている。原則として住職に対する給与として取扱うこととなる。

　なお、僧侶として勤務している者が、その職務に関連して研修会等に出席する費用については、その費用として妥当なものに限り、課税されていない（所基通9―27）。

⑤　組織区分と会計

（i）　寺院会計

　　寺院会計は、すべての収入が一元的に管理されるのではなく、通常の宗教活動に伴う収支は一般会計、本堂・庫裏の建築・修繕・宗教法人の特別行事並びに末寺の新設及び助成等の臨時的な収支については、それぞれ別個の特別会計を作り処理していることが多い。

　　特別会計は、臨時的な収支を処理する場合も多く、収入と支出を合わせることが行われ易く、特別会計については注目されている。

　　小規模な寺院においては、会計の管理形態によって以下の2つに大別される。

　　a　檀家総代によって管理されているもの
　　b　住職個人により管理されているもの

　　一般に檀家総代に管理されている檀家会計部分については、住職等が随時に使用できないことが多いことから、住職個人が管理する住職会計部分を中心に調査される。

　　住職会計の収入は布施、祈とう料、永代供養料、墓地使用料等から構成されるが、地域における寺院の収入の相場について情報を入手している。

(ii) 神社会計

　神社には、宮司が常駐しているものと、氏子代表が管理し、祭事のときだけ他の神社から宮司を依頼しているものとがある。

　税務上問題があるのは、宮司が常駐している神社であるが、その数は寺院等と異なりあまり多くはない。

　一般的な神社では、寺院等と異なり、賽銭収入が中心であり、中には現金の賽銭収入を除外するケースもあるが、収益事業である駐車場等の収入を除外することもある。現金賽銭の除外については、集金にくる銀行の渉外担当が加担し、仮名口座や借名口座へ分散して入金しているケースも有り、銀行調査により、渉外担当者の関係口座を解明することも行われている。

　玉串料等の除外については、神符・授与品等の在庫確認が行われている。

　また、神社では、併設した結婚式場の収入、年中行事ごとに支給される特別手当等の課税漏れも検討される。

⑥ 宗教法人の特殊性

宗教法人においては、以下の理由等により、税務上問題が多いとされている。

　A 宗教の聖域性から税に関する認識が甘い。

　B 会計・経理に関する、認識が甘い。

　C 所轄庁の管理・指導がめったにない。

⑦ 調査の方向

(i) 業者からのリベート収入の着服

　仕出業者、石材業者、葬儀業者等葬儀や法要に関係する業者からリベートを受け取っている場合が多い。これらの端緒をもとに、反面調査等により、事実確認調査が行われている。

(ii) 永代使用料収入の除外

墓所等の現場確認等により、新規で建立された墓、新たに整地された墓区画等の有無が検討され、永代使用料の収入除外が調査されている。

(ⅲ) 法要等の布施収入の除外

葬儀の際の布施収入については、過去帳から年忌を把握し、見合う布施収入の計上があるか否かについて検討される。

また、同宗派の寺院からの招請により、役僧として出向いていないか等の観点から検討され、住職のスケジュール・手帳等について提出を求められることもある。

(ⅳ) 個人的費用・生活費への流用

個人的費用としては、子女の学資金、子女の結婚資金、自動車の購入費用、ブランド物の購入資金、個人的蓄財等その態様はさまざまであり、住職の生活ぶり等が注視される。また、役員報酬が少額である場合には、収入除外等により生活費に充てているケースもあることから、可処分所得も検討される。

5　学校法人の調査

(1)　税務調査の準備として行われているもの

準備調査に当たっては、あらかじめ集められている次に掲げるような資料、情報等の分析、検討が行われる。

また、事前に内外観調査、施設の貸出、外国人講師の雇用などがチェックされる。

① 財産目録、事業報告書、決算書類、寄附行為及び学則等
② 入学案内書、募集要項等（新聞、雑誌の広告を含む。）
③ 学校法人の規模（生徒数、教員数、職員数、教育科目、建物・施設等の状況、系列法人、付属機関等）
④ 理事長等の個人資産の状況及び風評

⑤　入学金及び寄附金の状況
　⑥　事業部門及び収益事業等の活動状況
　⑦　後援会、PTA等の活動状況

(2)　税務調査される事項等

　学校法人については、源泉調査から接触する場合に源泉固有の誤りだけでなく、収益事業及び非収益事業を通じた事業資金の流れ等についても踏み込んだ調査になることがある。

　なお、学校法人が収益事業を営む場合には、寄附行為にその旨を記載して所轄官庁に届け出を行うこととされており、この場合には学校会計と区分して別会計で処理されている。ここでいう収益事業とは、あくまでも私立学校法上の収益事業であって、法人税法上の収益事業とは異なるものである。

　したがって、調査の際には学校法人が計上している収益事業の内容の検討のほか、本来の学校会計の中にも法人税法上の収益事業が含まれているか検討される。

　また、学校法人が給与、利子、配当、弁護士報酬などを支払う場合には、所得税の源泉徴収義務が生じ、普通法人と何ら変わるところはない。

(3)　不正経理の態様等
　①　収益事業収入の除外（食堂、売店及び短期講習等）
　②　収益事業の赤字仮装
　③　公益事業収入を除外し簿外給与の支給
　④　附属機関収入の除外
　⑤　附属機関での簿外給与の支給

(4)　学校法人と源泉所得税
　①　概況の聴取

学校法人に対する源泉所得税の調査においても、事業内容等について聴取される。

(i) 学校法人の沿革

(ii) 学制の大要

　教育組織及びカリキュラムの概要について聴取される。

　特に、臨時的に行っている短期講座や公開講座などや生徒等に受験させるための実技や語学等の資格関係の講座・試験など、学校法人で行っている事業の全体像を把握される。

(iii) 学生及び生徒数等

　組織図、学部、学科、課程別の学生数、受験者数（競争率等）、教職員数、交換留学制度等の実施状況等について聴取される。

(iv) 施設設備の状況

　校地、校舎、附属機関、機械器具等の設置状況について聴取される。

　なお、大学については学部、学科に応じ、附属機関を設置しており、それぞれの単位で付属事業収入が見込まれることから調査が行われる。

学部又は学科	附属施設
教員養成に関する学部又は学科	附属学校
医学又は歯学に関する学部	附属病院
農学に関する学部	農場
林学に関する学科	演習林
獣医学に関する学部又は学科	家畜病院
畜産学に関する学部又は学科	飼育場又は牧場
水産学又は商船に関する学部	練習船（共同利用による場合を含む。）
薬学に関する学部又は学科	薬用植物園（薬草園）
体育に関する学部又は学科	体育館

(v) 理事及び教職員等の氏名・職責等

② 内部組織と帳簿組織の把握

　内部組織と帳簿組織の実態や証ひょう照合、帳簿照合又は現物確認調査

等が行われる。
　(ⅰ)　帳簿、書類等の種類、名称、作成部課、保管場所、保管期間
　(ⅱ)　理事会及び評議員会の議事録等重要書類の保管場所
　(ⅲ)　主要簿、補助簿等の種類及び組織
　(ⅳ)　勘定科目の分類
　(ⅴ)　伝票の種類及び回付経路
　(ⅵ)　内部けん制組織
　(ⅶ)　収益事業等事業部門の運営状況とその会計記録及び現金等の所在
　(ⅷ)　校友会、後援会、父兄会（PTA）等の会計と学校法人会計との区分関係
　(ⅸ)　現金の帳簿残高と預金の帳簿残高と銀行残高の定期的な照合状況
　(ⅹ)　決算における帳簿の集計、整理及び計算書類等の作成手続

Ⅷ 公共・公益法人に対する税務調査と調査内容の例示

公　共　・　公　益　法　人　等　の　税　務

名称	公共・公益法人等の概要	最近の決算申告		
^	^	公益収入 （百万円）	収益収入 （百万円）	申告所得金額 （千円）
1	物流、運送等の調査研究を行う某公益法人	3,363	59	0
2	ポランタリンチェーン向けコンピュータシステムの支援と受託している某公益法人	303	0	0
3	港湾労働者向けの施設の提供を行う某公益法人	474	2,988	38
4	医療関連サービスを行う某公益法人	62	2,073	39
5	公衆衛生等の思想の増進を目的とする某公益法人	2,900	8	0
6	狂犬病の予防接種委託業等を行う某公益法人	35	70	0
7	疾病予防を業務とする某公益法人	209	0	0
8	スポーツ振興、施設内の販売等の経営を目的とする某公益法人	23	344	218
9	病院、老人福祉施設、リハビリテーションなどの所有・運営を行う某公益法人	3,929	0	0
10	市民の文化振興のため音楽ホールの管理運営を行う某公益法人	30	400	0

Ⅷ 公共・公益法人に対する税務調査と調査内容の例示　183

調 査 と 調 査 内 容 の 例 示　　　　　　（計数は推計値）

税務調査の否認追徴の金額等			調査で検討されたポイント等
収益事業加算金額 （千円）	消費税追徴額 （千円）	源泉税追徴額 （千円）	
（過去5年分） 38,910	882	862	公益、収益事業の区分経理を二重帳簿を作って操作していることについて税務上の問題を指摘された。
（過去4年分） 73,628	18,146	33,124	期末直近に翌期の経費を計上するなど、また、幹部が個人的に公益法人の経費を付回すなど、税務認識を欠いていると指摘された。
（過去3年分） 38,719	9,809	―	事実に基づかない納品書、領収証などを独自に作成するなど、公益、収益事業の区分経理を操作して課程上の問題を指摘された。
（過去3年分） 21,178	40	―	公益収入の赤字を収益事業の黒字から操作するなど、公益、収益事業の区分経理の問題点について指摘された。
（過去3年分） 8,171	―	396	収益事業と認識しながら公益事業に区分経理を悪用した操作を繰り返し、かつ、裏給与の支給などがあった。
（過去5年分） 66,410			保健取扱収入を減らすなど、また、地方公共団体の一般会計と特別会計の仕組みを操作して、意図的に経理処理の悪用があった。
（過去5年分） 635,070	―	―	収益事業の認識がなく、公益、収益の区分経理ができていないなど、税務知識を欠いていた。
（過去7年分） 89,749	18,119	832	簿外現金、二重帳簿などが発見されるなど税務の認識を欠いていた。
（過去5年分） 602,339	2,834	―	助成金を不正に得ることを意途して公益扱いとなる無料、低額診療患者の水増しを事務長が中心となって行うなど経理業務及び税務への対応の不認識を指摘された。
（過去3年分） 90,427	―	―	公共の補助金だけの公益単独公演では赤字となるので、他の私的団体等との共催で黒字化していたが税の認識に欠けていたと指摘された。

名称	公共・公益法人等の概要	最近の決算申告		
		公益収入 (百万円)	収益収入 (百万円)	申告所得金額 (千円)
11	鉄鋼の砂防技術の調査研究等を行う某公益法人	54	4,630	312
12	司法関係者の福利厚生を目的とした売店等の経営を行う某公益法人	32	6,682	6,828
13	男女雇用機会均等法制定により設立された某公益法人	8,709	0	395
14	学術書等の出版を行う某公益法人	46	37	0
15	公共的な定期刊行物の出版等を行う某公益法人	61	3,112	257,013
16	国民のレジャー産業等の振興を図る目的の某公益法人	256	98	0
17	低公害車の普及推進等を行う某公益法人	251	6,085	0
18	県の中小企業向けリース金融、保証事業を行う某公益法人	2,691	89	0
19	産業等発展に貢献する目的で外部に調査研究の委託を主として行う某公益法人	68	798	43,062

税務調査の否認追徴の金額等			調査で検討されたポイント等
収益事業加算金額 （千円）	消費税追徴額 （千円）	源泉税追徴額 （千円）	
（過去3年分） 96,452	234	51	古い予算制度を改めることなく、期末に未消化の予算を業者に仮装して繰上げ請求させるなど、公益的収益事業に対する税の認識を欠き、また、公益、収益事業の区分経理の認識不足を指摘された。
（過去3年分） 26,020	—	—	全国的に事業所を展開する組織であるが、全国的調査の結果、経理上の問題及び税認識が不足していることについて指摘された。
（過去6年分） 39,820	—	395	期末の予算消化のため、いろいろな手口を使って不正の経理処理を行うなど、全国に事業所を有するが経理及び税務上の問題について指摘された。
（過去3年分） 31,418	1,317	30	架空の経費で予算を消化したと見せかけるなど、税知識に欠けている上、公益、収益事業の区分経理を独自に都合のよいように操作していたことについて指摘された。
（過去2年分） 67,237	493	730	グループ間取引で外注費を水増ししてリベート等を別途資金として浮かせるなど税務知識を欠くなど、公益、収益事業の区分経理についても認識の甘さを指摘された。
（過去3年分） 76,510	21	—	予算の消化のため架空の経費の計上等による不正経理を行うなど、税務知識に欠けていることについて指摘された。
（過去3年分） 87,501	94	—	不良のメタノール車を多数買取り、廃棄業者に売却したが、その売却収入を他に流用していた。税知識が欠如。
（過去2年分） 30,642	659	—	「実費弁償対象」の公益法人としての認可のため翌年度経費の計上等を行うなど不正な決算書を作成して認可、意図が発覚した。
（過去5年分） 128,648	512	3,444	公益、収益事業の区分経理及び消費税計算のミスに加え、人件費に対する源泉徴収にもミスがあり、税に対する認識を欠いていた。

名称	公共・公益法人等の概要	最近の決算申告		
		公益収入 （百万円）	収益収入 （百万円）	申告所得金額 （千円）
20	県の第三セクとして、公害物の分析、測定等公害防止等を主として行っている某公益法人	31	1,458	0
21	県の第三セクとして、予防医学活動の推進等を行っている某公益法人	3,422	563	0
22	進学資金等給付等を主として行う某公益法人	635	1,275	0
23	県市職員の互助及び福利厚生事業団	43	375	0
24	成人病予防等人間ドッグ等の業務を主として行う某公益法人	25	2,137	0
25	司法関係業務の特定部分を受託している全国的組織での地域の業務の円滑化等のため、各地方の事務所等の所有管理運営業務を行う某公益法人	901	202	77,835
26	私立学校法人授業時間外の補習授業等	1,605	0	0
27	一般学部の外に、芸術学部、デザイン工学部等を設置。実践的な教育方針をとるため教授には経営者的デザイナー等が名を連ねている。 また、別途収益事業として市町村からの委託により、文化財の保存方法及び空き地の有効利用等の調査研究事業を行っている学校法人	3,871	86	0

税務調査の否認追徴の金額等			調査で検討されたポイント等
収益事業加算金額 (千円)	消費税追徴額 (千円)	源泉税追徴額 (千円)	
(過去5年分) 69,240	5,102	—	予算制度を悪用するなど架空経費を計上して他に流用し、公益事業、収益事業の区分経理を操作していた。また、消費税にもミスがあり、税に対する認識を欠いていた。
(過去4年分) 383,135	—	—	事業内容について、公益か、収益事業かを独自に判断していたため、公益、収益事業の区分経理に問題が生じることとなり、結果的に多額の追加課税をされることとなった。
(過去7年分) 6,992,882	473,073	1	受験者の父兄から寄附金を別ルートで学校法人が別収受し、更に、公益法人を悪用して、資金の運用をする一方、学校法人に多額の裏リベートを支払っていた。
(過去4年分) 627,147	697	—	公益事業会計のほかに、故意に福利事業特別会計なるものを設け別途経理していた。これらは仮装隠蔽を伴う悪質な行為と判断された。
(過去5年分) 76,132	—	—	公益事業と収益事業の区分経理を独自に操作するなどのため税務処理に問題が発見され、税への認識を欠いていたことが指摘された。
(過去3年分) 54,983	519	—	交際費課税を免れるため旅費名義で架空支出するなどの仮装経理を行うなど、税務問題を指摘された。
(過去5年分) 47,716	1,334	—	授業時間外の補修授業収入を収益事業収入から洩らしていた。
(過去4年分) 759,556	—	—	退職した職員の人件費を架空計上するなど、不正を重ね公益事業と収益事業の区分経理を故意に仮装するなど税務上の指摘がされた。

名称	公共・公益法人等の概要	最近の決算申告		
		公益収入 （百万円）	収益収入 （百万円）	申告所得金額 （千円）
28	幼稚園を経営する某学校法人	417	27	0
29	某私立大学	9,134	54	0
30	某薬学大学	4,982	73	0
31	某美容専修学校	2,991	73	0
32	全国的に著名な寺院である某宗教法人	3,942	312	0
33	斎場を所有する某宗教法人	611	218	0
34	厄除けで全国的に著名な某宗教法人	613	245	46
35	大きな斎場主宰の某宗教法人	―	―	0
36	ペットの葬祭を業務とする某宗教法人	―	―	0
37	某大本山の一つの某宗教法人	3,429	300	0

VIII 公共・公益法人に対する税務調査と調査内容の例示　189

税務調査の否認追徴の金額等			調査で検討されたポイント等
収益事業加算金額 (千円)	消費税追徴額 (千円)	源泉税追徴額 (千円)	
(過去5年分) 5,326	—	26	施設の貸出料収入、制服、図書の販売などの収益事業について、別途経理していたことを指摘された。
(過去2年分) 69,714	—	—	公開講座等の収益を収益事業から洩らすなど経理全般の処理について指摘された。
(過去3年分) 36,098	—	265	教室単位及び教授をメーンとする大学の受託研究収入について収益事業収入として洩らしていたほかに公益事業と収益事業の区分経理を独自の判断で行うなど税務業務を指摘された。
77,762	2,857	—	専門学校は、もともと収益事業が主体であるが全く収益を無申告の上、公益事業、収益事業の区分経理を勝手に操作していることが判明し指摘された。
(過去3年分) 89,893	68,154	2,424	寄附賽銭は一切とらないがお燈明料として、合同参拝と称する旅行企画料手配等の参拝参加収入を公益事業収入に入れるなど、公益事業、収益事業の区分経理の不正を指摘された。
(過去3年分) 52,728	511	5,615	斎場、会館等使用料等の一部をお燈明料、お布施とするなど、公益事業と収益事業の区分経理を独自の判断で行って、税務上の指摘を受けた。
(過去3年分) 36,328	3,612	—	斎場、会館の使用状況から業務の一部を外部委託していると経理しているが、公益事業と収益事業の区分経理の認識が甘く、税務上の指摘を受けた。
(過去5年分) 34,370	—	35,375	外観は立派な施設を有しながら、税務申告がないため、税務調査を行ったが協力的でないなど、税務対応に問題があると指摘された。
(過去5年分) 27,917	—	—	ペットの葬祭は公益事業にはあたらない。非課税と誤認して無申告であった。
(過去1年分) 22,379	—	—	宗教法人として公益事業以外に敷地の一部を近隣に貸付けるなどの業務を行っていた。

名称	公共・公益法人等の概要	最近の決算申告		
		公益収入 （百万円）	収益収入 （百万円）	申告所得金額 （千円）
38	著名な某神社であり、大きな会館を有し、有名人結婚式などを行っている某宗教法人	369	623	3,300
39	総合病院兼某宗教法人	87	13,950	90
40	48か所巡りの著名な某宗教法人	49	0	0
41	結核対策等を目的に多数の施設を有する某社会福祉法人	3,916	0	0
42	知的障害者自立のための事業を行っている某社会福祉法人	243	211	0
43	カタログ通販の某人格のない社団	0	6,033	23,313
44	商工業者の基盤の整備等を行っている某公益法人	0	22	0
45	商店街の振興の目的で空き店舗や駐車場を運営する事業活動を行っている人格のない社団	0	26	0
46	某県の施設である運動公園の管理運営等の人格のない社団	30	74	4,300
47	臨床検査センター等の設置する某公益法人	4,338	88	40,000
	以　下　略			

Ⅷ 公共・公益法人に対する税務調査と調査内容の例示

税務調査の否認追徴の金額等			調査で検討されたポイント等
収益事業加算金額 （千円）	消費税追徴額 （千円）	源泉税追徴額 （千円）	
（過去3年分） 11,311	4,401	—	特定収入がある場合等、消費税計算の調整に誤りがあることなど、税務上の指摘がされた。
（過去3年分） 17,931	—	3,600	派遣医師の報酬を仮装経理するなど、税務上の問題について指摘された。
（過去5年分） 32,037	4,870	6,943	霊園の管理収入等の収益事業収入を別途管理して宗教法人幹部が個人的に費消していた。
（過去7年分） 22,247	9,627	1,582	経理のずさんさが判明した。
（過去3年分） 14,858	12,233	177	公益、収益事業の区分経理の認識不十分の上、消費税等の仕入控除計算等について指摘された。
（過去4年分） 153,397	2,284	7,944	仕入れ業者からの多額のリベートを別途管理して、理事長らの裏給与等に充てていた。
（過去3年分） 28,764	3,002	—	公益、収益事業の区分経理及び特定収入について消費税の仕入控除計算の誤りを指摘された。
（過去5年分） 63,541	6,697	—	経理処理や税務知識を欠いていることについて税務上の指摘を受けた。
（過去5年分） 39,013	12,452	—	公益、収益事業の区分が不十分。消費税等税務上の問題を指摘された。
—	（過去3年分） 3,463	—	消費税の計算で特定収入の認識を欠くなどの指摘を受けた。

第 2 編　国、地方公共団体や独立行政法人、
　　　　公共・公益法人等の消費税実務

○ 消費税の税実務の対象等

1 本編においては、国又は地方公共団体等、次の行政特別法人、公益法人等の消費税の特例を中心に、その仕組みと手続きについて説明する。
   ○ 国の特別会計
   ○ 地方公共団体の特別会計
   ○ 消費税法別表第三に掲げる法人（独立行政法人、公共法人・公益法人）
   ○ 人格のない社団等

2 消費税の納税義務者は、原則的には課税対象となる取引を行う個人事業者及び一般法人とされているが、国、地方公共団体の特別会計等、公共・公益法人等についても、国内において課税対象となる取引を行う限り、消費税の納税義務者となる。
   また、国、地方公共団体の特別会計については、特別会計ごとに一の法人とみなして消費税法を適用することとされている。

3 国、地方公共団体、公共・公益法人等については、その特殊性から、資産の譲渡等の時期、仕入控除税額の計算及び申告期限について特例が設けられている。

国、地方公共団体、独立行政法人等及び公共・公益法人等に適用される特例の一覧

	適用される特例			
	事業単位	資産の譲渡等の時期	仕入控除税額の計算	申告期限
国（一般会計）	○	○	課税売上げに係る消費税額と仕入控除税額を同額とみなす	申告義務なし
地方公共団体（一般会計）	○	○	〃	〃
国（特別会計）	○	○	○	○
地方公共団体（特別会計）	○	○	○	○
消費税法別表第三に掲げる法人(注)	―	△(要承認)	○	△(要承認)
人格のない社団等	―	―	○	―

(注) 個別法において、消費税法別表第三に掲げる法人とみなされる法人
　① 政党交付金の交付を受ける政党等に対する法人格の付与に関する法律に規定する法人である政党又は政治団体
　② 地方自治法第260条の2第1項の認可を受けた地縁による団体
　③ 建物の区分所有等に関する法律に規定する管理組合法人
　④ 特定非営利活動促進法に規定する特定非営利活動法人
　⑤ 中間法人法に規定する中間法人
　⑥ マンションの建替えの円滑化等に関する法律に規定するマンション建替組合
　⑦ 密集市街地における防災街区の整備の促進に関する法律に規定する防災街区整備事業組合

Ⅰ 国、地方公共団体、公共・公益法人等に対する消費税の特例等

1 国、地方公共団体の会計単位による納税義務の特例

　消費税法においては、会社等の営利法人はもちろん、公共法人、公益法人等も法人ごとに納税義務者となり、また、人格のない社団等は法人とみなされ、団体を単位として納税義務者となる。

　しかし、国又は地方公共団体については、法令に基づき設けられる会計単位により予算、決算事務が行われていることを踏まえ、それぞれの会計を一の法人＝納税義務者とみなして消費税法が適用される。

　　（参考）　納税義務の免除及び課税事業者の選択
　　　国、地方公共団体、公共・公益法人等においても基準期間における課税売上高が1,000万円以下の場合には、消費税の納税義務が免除されるが、選択により課税事業者となることができる。
　　　例えば、基準期間における課税売上高が1,000万円以下の下水道事業特別会計が設備投資を行った場合など、申告をすれば消費税が還付となる場合でも、課税事業者でないと消費税の申告をすることができないので、申告をして消費税の還付を受けるためには、あらかじめ課税事業者になることを選択しておく必要がある。

＜届出等の手続＞

○ 課税事業者になることを選択しようとするとき

　免税事業者の方が、課税事業者になることを選択しようとするときには、「消費税課税事業者選択届出書」を提出することにより課税事業者になることができる。

　この制度の適用を受けるためには、その適用を受けようとする課税期間の開始する日の前日までに、「消費税課税事業者選択届出書」を納税地の所轄税務署長に提出する必要がある。

○ 課税事業者を選択していた事業者が選択をやめようとするとき

　「消費税課税事業者選択届出書」を提出して課税事業者となっている方が、免税事業者に戻ろうとするときには、免税事業者に戻ろうとする課税期間の開始する日の前日までに、「消費税課税事業者選択不適用届出書」を納税地の所轄税務署長に提出する必要がある。

　ただし、「消費税課税事業者選択届出書」を提出して課税事業者となった者は、2年間は「消費税課税事業者選択不適用届出書」を提出して免税事業者に戻ることはできない。

2　資産の譲渡等の時期の特例

(1) 原則

　国内取引に係る消費税の納税義務は、原則として、課税資産の譲渡等をした時に成立する。

　また、保税地域から引き取られる課税貨物に係る消費税の納税義務は、課税貨物を保税地域から引き取る時に成立する。

(注) 事業者が、法人税法上、その収益の計上時期について工事進行基準等の方法により経理処理を行っている場合には、消費税の課税売上げもこれらの基準によって計上することができる。

この課税売上げの計上時期の特例は、公共・公益法人等についても法人税法で定められているこれらの基準によって処理することにより適用することができる。
なお、この場合には、確定申告書にその旨を付記する必要がある。

(2) 国、地方公共団体、公共・公益法人等の資産の譲渡等の時期の特例

国又は地方公共団体が行った資産の譲渡等又は課税仕入れ等の時期については、その対価を収納すべき又は費用の支払をすべき会計年度の末日に行われたものとすることができるが、国又は地方公共団体に準ずる法人として税務署長の承認を受けた公共・公益法人等についても、資産の譲渡等又は課税仕入れ等を行った時期について、その対価を収納すべき又は費用の支払をすべき課税期間の末日に行われたものとすることができる。

(注) 国又は地方公共団体に準ずる法人として承認を受けることができるのは、消費税法別表第三に掲げる法人のうち法令又はその法人の定款、寄附行為、規則若しくは規約に定める会計処理の方法が、国又は地方公共団体の会計処理の方法に準じて、収入・支出の所属会計年度について発生主義以外の特別な会計処理により行うこととされている法人である。

3 国、地方公共団体、公共・公益法人等の仕入控除税額の計算の特例

(1) 仕入控除税額の計算

消費税の納付税額は、その課税期間中の課税売上げに係る消費税額からその課税期間中の課税仕入れ等に係る消費税額（仕入控除税額）を控除して算出することとなる。

しかし、国、地方公共団体、公共・公益法人等の消費税の仕入控除税額の計算においては、一般の事業者とは異なり、補助金、会費、寄附金等の対価性のない収入を「特定収入」として、これにより賄われる課税仕入れ等の消費税額（特定収入に係る課税仕入れ等の消費税額）を仕入控除税額から控除

するという調整が必要となる。

(2) **対象となる事業者**

(1)の仕入控除税額の調整が必要となる法人は、国及び地方公共団体（特別会計を設けて行う事業に限る。）、消費税法別表第三に掲げる公共・公益法人並びに人格のない社団等である。

ただし、次に掲げる場合には、この調整を行う必要はない。

① その課税期間の仕入控除税額を簡易課税制度により計算する場合
② その課税期間における特定収入割合が5％以下である場合

なお、特定収入割合とは、次の算式により計算した割合をいう。

$$特定収入割合 = \frac{その課税期間中の特定収入の合計額}{その課税期間中の（税抜課税売上高＋免税売上高＋非課税売上高＋特定収入の合計額）}$$

(3) **特定収入とは**

特定収入とは、資産の譲渡等の対価以外の収入で、次に掲げるもの以外の収入をいう。

① 借入金及び債券の発行に係る収入で、法令においてその返済又は償還のため補助金、負担金等の交付を受けることが規定されているもの以外のもの
② 出資金
③ 預金、貯金及び預り金
④ 貸付回収金
⑤ 返還金及び還付金
⑥ 次に掲げる収入
　(i) 法令又は交付要綱等において、次に掲げる支出以外の支出（特定支出）のためにのみ使用することとされている収入

a　課税仕入れに係る支払対価の額に係る支出
　　b　課税貨物の引取価額に係る支出
　　c　借入金等の返済又は償還金に係る支出
　　なお、交付要綱等とは、国、地方公共団体又は特別の法律により設立された法人から資産の譲渡等の対価以外の収入を受ける際に、これらの者が作成したその収入の使途を定めた文書をいう。
　　また、借入金等の取扱いについては後述の「借入金等の取扱い」にあるとおりである。
(ii)　国、地方公共団体が合理的な方法により資産の譲渡等の対価以外の収入の使途を明らかにした文書において、特定支出のためにのみ使用することとされている収入

したがって、例えば、次に掲げる収入が特定収入に該当することとなる。
① 租税
② 補助金
③ 交付金
④ 寄附金
⑤ 出資に係る配当金
⑥ 保険金
⑦ 損害賠償金
⑧ 資産の譲渡等の対価に該当しない負担金、他会計からの繰入金、会費等、喜捨金（お布施、戒名料、玉串料など）等

〔特定収入判定の概要〕

資産の譲渡等の対価の収入	国内取引	課税売上げに係る収入
		非課税売上げに係る収入
	国外取引	不課税売上げに係る収入

資産の譲渡等の対価以外の収入

特定収入以外の収入：
① 借入金及び債権の発行に係る収入で、法令においてその返済又は償還のための補助金、負担金等の交付を受けることが規定されているもの以外のもの
② 出資金
③ 預金、貯金及び預り金
④ 貸付回収金
⑤ 返還金及び還付金
⑥ 次に掲げる収入
　イ　法令又は交付要綱等において、次に掲げる支出以外の支出（特定支出）のためにのみ使用することとされている収入
　　A　課税仕入れに係る支払対価の額に係る支出
　　B　課税貨物の引取価額に係る支出
　　C　借入金等の返済又は償還金に係る支出
　ロ　国、地方公共団体が合理的な方法により資産の譲渡等の対価以外の収入の使途を明らかにした文書において、特定支出のためにのみ使用することとされている収入

上記収入以外の収入 ⇩

特定収入：
例示
① 租税
② 補助金
③ 交付金
④ 寄附金
⑤ 出資に係る配当金
⑥ 保険金
⑦ 損害賠償金
⑧ 資産の譲渡等の対価に該当しない負担金、他会計からの繰入金、会費等、喜捨金（お布施、戒名料、玉串料など）等

⇒ 課税仕入れ等に係る特定収入以外の特定収入

⇒ 課税仕入れ等に係る特定収入

〔借入金等の取扱い〕

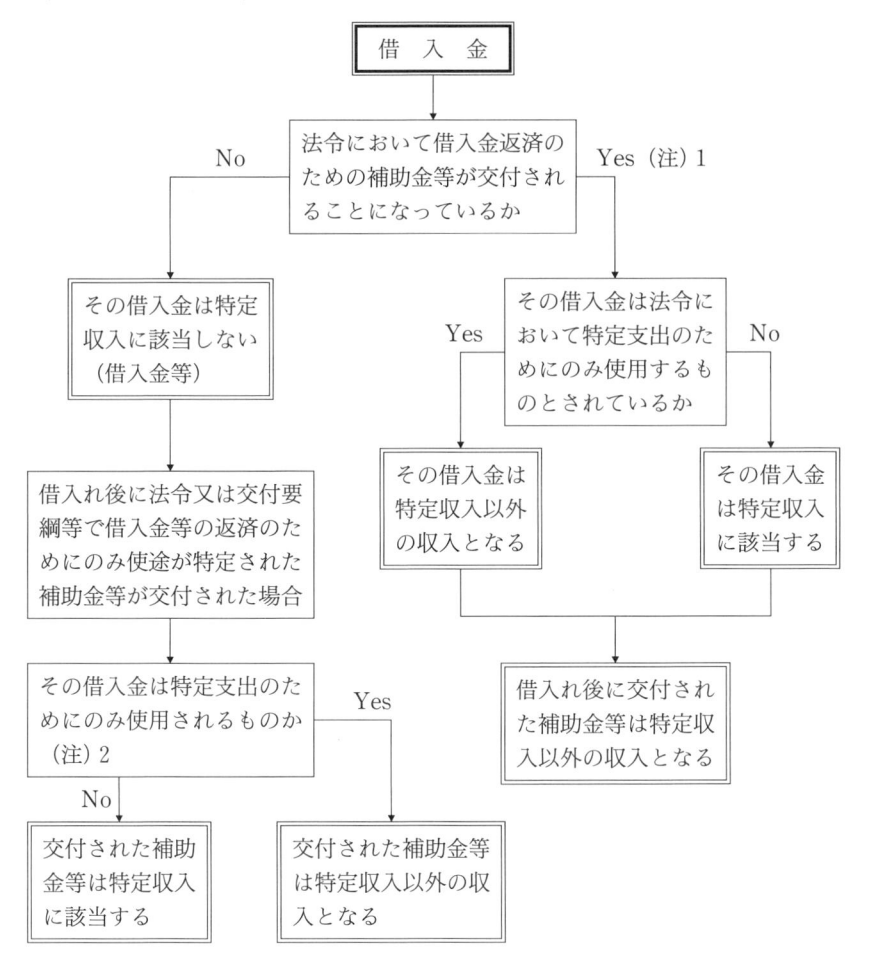

```
                          ┌─────────────┐
                          │  借 入 金    │
                          └──────┬──────┘
                                 │
              No      ┌──────────┴──────────┐     Yes（注）1
          ┌───────────┤ 法令において借入金返済の├───────────┐
          │           │ ための補助金等が交付され │           │
          │           │ ることになっているか    │           │
          │           └─────────────────────┘           │
          ▼                                              ▼
   ┌─────────────┐                          ┌─────────────────────┐
   │その借入金は特定│                    Yes │その借入金は法令に    │ No
   │収入に該当しない│◄──────────────────────┤おいて特定支出のた    ├──────┐
   │（借入金等）   │                         │めにのみ使用するもの  │      │
   └──────┬──────┘                         │のとされているか      │      │
          │                                 └─────────────────────┘      │
          ▼                                           │                  ▼
   ┌─────────────┐                          ┌─────────────┐   ┌─────────────┐
   │借入れ後に法令又は交付要│                  │その借入金は  │   │その借入金    │
   │綱等で借入金等の返済のた│                  │特定収入以外  │   │は特定収入    │
   │めにのみ使途が特定された│                  │の収入となる  │   │に該当する    │
   │補助金等が交付された場合│                  └─────────────┘   └──────┬──────┘
   └──────┬─────────────┘                                               │
          │                                                             ▼
          ▼                                                  ┌─────────────────┐
   ┌─────────────────┐    Yes                                 │借入れ後に交付され │
   │その借入金は特定支出のた├──────┐                          │た補助金等は特定収 │
   │めにのみ使用されるものか │      │                          │入以外の収入となる │
   │（注）2                │      │                          └─────────────────┘
   └──────┬──────────┘      │
          │ No                  │
          ▼                     ▼
   ┌─────────────┐     ┌─────────────┐
   │交付された補助 │     │交付された補助金等│
   │金等は特定収入 │     │は特定収入以外の収│
   │に該当する    │     │入となる         │
   └─────────────┘     └─────────────┘
```

（注）1　法令において借入金返済のための補助金等が交付されることとなっている場合には、通常借入れ前に借入金返済のための補助金等の使途を特定した交付要綱等が作成されている。

2　国又は地方公共団体の特別会計が交付要綱等で借入金等の返済のためにのみ使用することとして交付された補助金等は、借入金の使途に対応させるようＰ204(4)の方法により使途を特定することとなる。

(4) 補助金等（資産の譲渡等の対価以外の収入）の使途の特定方法

　国・地方公共団体の特別会計については、次により補助金等の使途を特定することができる。

① 法令又は交付要綱等により補助金等の使途が明らかにされている場合

　法令又は交付要綱等により使途が明らかにされているものは、その明らかにされているところによる。この場合の交付要綱等には、補助金等を交付する者が作成した補助金等交付要綱、補助金等交付決定書のほか、これらの付属書類である補助金等の積算内訳書、実績報告書も含まれる。

　なお、借入金等を財源として行った事業について、その借入金等の返済又は償還のための補助金等が交付される場合において、その補助金等の交付要綱等にその旨が記載されているときは、その補助金等はその事業に係る経費のみに使用される収入として使途を特定する。

② 国・地方公共団体が合理的な方法により補助金等の使途を明らかにした文書において使途を特定する場合

　①により使途が特定されない補助金等については、次の方法により使途を特定することができる。

　(i) 法令又は交付要綱等において使途の細部が特定されていないものの、その使途の大要が判明する補助金等は、その補助金等の交付を受ける国の特別会計の所管大臣又は地方公共団体の長（公営企業にあっては公営企業の管理者）が使途の大要の範囲内で合理的計算に基づき細部を特定する。

　(ii) (i)により使途が特定できない場合であっても、予算書若しくは予算関係書類又は決算書若しくは決算関係書類で使途が明らかとなるものについては、これらにより使途を特定する。

　(iii) 法令、交付要綱等、予算書、予算関係書類、決算書、決算関係書類において、借入金等の返済費又は償還費のための補助金等とされているもの（①のなお書に該当するものを除く。）は、次の算式により特

定収入（課税仕入れ等に係る特定収入）とその他の収入に使途を特定する。

(注) 地方公営企業法第20条《計理の方法》の適用がある公営企業については、損益的取引、資本的取引の区分ごとにこの計算を行う。

○特定収入＝

　補助金等の額 × $\dfrac{\text{分母の課税期間における課税仕入れ等の支出の額}}{\text{借入金等に係る事業が行われた課税期間における支出}}$

○その他の収入＝

　補助金等の額 × $\dfrac{\text{分母の課税期間におけるその他の支出の額}}{\text{借入金等に係る事業が行われた課税期間における支出}}$

(注) 借入金等に係る事業が行われた課税期間における支出には、①又は②(i)若しくは(ii)により使途が特定された補助金等の使途としての支出並びに借入金等の返済費及び償還費を含まない。

(ⅳ) (i)から(ⅲ)までによっては使途の特定ができない補助金等は次の算式により特定収入（課税仕入れ等に係る特定収入）とその他の収入に使途を特定する。

(注) 地方公営企業法第20条《計理の方法》の適用がある公営企業については、損益的取引、資本的取引の区分ごとにこの計算を行う。

○特定収入＝補助金等の額 × $\dfrac{\text{当課税期間における課税仕入れ等の支出の額}}{\text{当課税期間における支出}}$

○その他の収入＝補助金等の額 × $\dfrac{\text{当課税期間におけるその他の支出の額}}{\text{当課税期間における支出}}$

(注) 当課税期間における支出には、①又は②(i)若しくは(ii)により使途が特定された補助金等の使途としての支出及び借入金等の返済費又は償還費のうち(ⅲ)において処理済みの部分を含まない。

(注) ②の方法により補助金等の使途を特定した場合には、国の特別会計の所管大臣又は地方公共団体の長（公営企業にあっては公営企業の管理者）がその使途を明らかにした文書を確定申告書とともに税務署長へ提出す

る。

　　　また、②(iii)又は(iv)の方法により使途を特定した場合には、その計算過程を明らかにしたものを添付書類として提出する。

　なお、公共・公益法人等が国又は地方公共団体から交付を受ける補助金等の収入の使途は、交付要綱等でその使途が明らかにされていないまでも、その多くが予算又は決算において明らかにされている。

　このような場合には、公共・公益法人等においても②の方法により補助金等の使途を特定することができる。

　ただし、交付要綱等により使途が特定されている補助金等以外の収入であることから、国・地方公共団体が使途を明らかにした文書を確定申告書とともに税務署長に提出する必要がある。

国、地方公共団体、公共・公益法人等の仕入控除税額の調整計算の要否判定

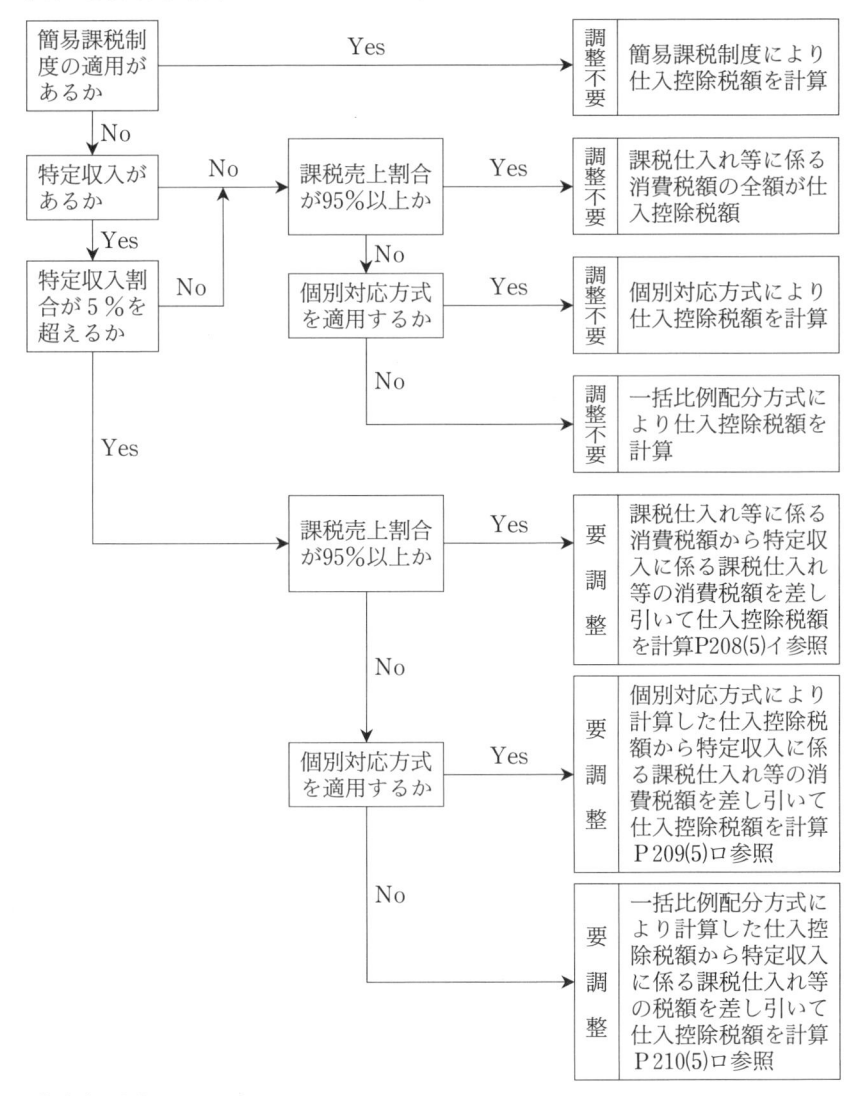

```
┌─────────────┐
│ 簡易課税制   │ ──Yes──→ 調整不要 │ 簡易課税制度により
│ 度の適用が   │                    │ 仕入控除税額を計算
│ あるか       │
└─────────────┘
      │No
      ↓
┌─────────────┐         ┌─────────────┐
│ 特定収入が   │ ──No──→ │ 課税売上割合 │ ──Yes──→ 調整不要 │ 課税仕入れ等に係る
│ あるか       │         │ が95％以上か │                    │ 消費税額の全額が仕
└─────────────┘         └─────────────┘                    │ 入控除税額
      │Yes                     │No
      ↓                        ↓
┌─────────────┐               ┌─────────────┐
│ 特定収入割   │ ──No──────────↑│ 個別対応方式 │ ──Yes──→ 調整不要 │ 個別対応方式により
│ 合が5％を    │                │ を適用するか │                    │ 仕入控除税額を計算
│ 超えるか     │               └─────────────┘
└─────────────┘                     │No
      │Yes                           ↓
      ↓                           調整不要 │ 一括比例配分方式に
                                           │ より仕入控除税額を
                                           │ 計算

┌─────────────┐
│ 課税売上割合 │ ──Yes──→ 要調整 │ 課税仕入れ等に係る
│ が95％以上か │                  │ 消費税額から特定収
└─────────────┘                  │ 入に係る課税仕入れ
      │No                         │ 等の消費税額を差し
      ↓                           │ 引いて仕入控除税額
┌─────────────┐                  │ を計算P208(5)イ参照
│ 個別対応方式 │ ──Yes──→ 要調整 │ 個別対応方式により
│ を適用するか │                  │ 計算した仕入控除税
└─────────────┘                  │ 額から特定収入に係
      │No                         │ る課税仕入れ等の消
      ↓                           │ 費税額を差し引いて
   要調整 │ 一括比例配分方式に    │ 仕入控除税額を計算
          │ より計算した仕入控    │ P209(5)ロ参照
          │ 除税額から特定収入
          │ に係る課税仕入れ等
          │ の税額を差し引いて
          │ 仕入控除税額を計算
          │ P210(5)ロ参照
```

≪ポイント≫

次に掲げる場合には、仕入控除税額の調整計算を行う必要はない。
① その課税期間の仕入控除税額を簡易課税制度により計算する場合
② その課税期間における特定収入割合が5％以下である場合

(5) 特定収入に係る課税仕入れ等の消費税額の計算

簡易課税制度を適用せず、本則課税により仕入控除税額の計算を行う場合で、特定収入割合が5％を超えるときは、特定収入に係る課税仕入れ等の消費税額は仕入税額控除の対象とはならない。この場合は、次のように、課税売上割合が95％以上のとき又は課税売上割合が95％未満のときにおける個別対応方式若しくは一括比例配分方式の区分に応じて計算した調整前の仕入控除税額から特定収入に係る課税仕入れ等の消費税額を控除した後の金額が仕入控除税額となる。

なお、特定収入がない場合又は特定収入があっても特定収入割合が5％以下の場合には、仕入控除税額の調整を行う必要はない。

この仕入控除税額の調整がある場合の納付税額は、次の計算式により計算した金額となる。

$$納付税額 = その課税期間中の課税売上げに係る消費税額 - \left(調整前の仕入控除税額 - その課税期間中の特定収入に係る課税仕入れ等の消費税額\right)$$

イ その課税期間の課税売上割合が95％以上である場合

次の①及び②の合計額が、特定収入に係る課税仕入れ等の消費税額になる。

① 課税仕入れ等に係る特定収入の額の105分の4相当額
② （調整前の仕入控除税額－①の金額）×調整割合

なお、調整前の仕入控除税額から①の金額を控除して控除しきれない場合は、①の金額から、その控除しきれない金額に調整割合を掛けて計算した金額を控除した金額が、特定収入に係る課税仕入れ等の消費税額になる。

(注)1 課税仕入れ等に係る特定収入とは、特定収入のうち法令、交付要綱等又は国、地方公共団体が合理的な方法により資産の譲渡等の対価以外の収

入の使途を明らかにした文書（以下「法令等」という）において課税仕入れに係る支払対価の額又は課税貨物の引取価額に係る支出のためにのみ使用することとされている部分をいう。
2 調整前の仕入控除税額とは、通常の計算方法により計算した仕入控除税額をいう（以下のロにおいて同じである）。
3 調整割合とは、次の算式により計算した割合をいう。

$$調整割合 = \frac{その課税期間中の課税仕入れ等に係る特定収入以外の特定収入の合計額}{その課税期間中の（資産の譲渡等の対価の額の合計額＋課税仕入れ等に係る特定収入以外の特定収入の合計額）}$$

ロ　その課税期間の課税売上割合が95％未満である場合
＜仕入控除税額を個別対応方式により計算する場合＞
　次の①から③までの金額の合計額が、特定収入に係る課税仕入れ等の消費税額となる。

① 法令等において課税売上げにのみ要する課税仕入れ等のためにのみ使途が特定されている特定収入の合計額の105分の4相当額
② 法令等において課税売上げと非課税売上げに共通して要する課税仕入れ等のためにのみ使途が特定されている特定収入の合計額の105分の4相当額に課税売上割合（課税売上割合に準ずる割合を含む）を掛けた金額
③ （調整前の仕入控除税額－①の金額－②の金額）× 調整割合

　なお、調整前の仕入控除税額から①の金額及び②の金額を控除して控除しきれない場合は、①の金額及び②の金額の合計額から、その控除しきれない金額に調整割合を掛けて計算した金額を控除した金額が、特定収入に係る課税仕入れ等の消費税額となる。

＜仕入控除税額を一括比例配分方式により計算する場合＞

次の①及び②の金額の合計額が、特定収入に係る課税仕入れ等の消費税額となる。

> ① 課税仕入れ等に係る特定収入の合計額の105分の4相当額に課税売上割合を掛けた金額
> ② （調整前の仕入控除税額－①の金額）× 調整割合

なお、調整前の仕入控除税額から①の金額を控除して控除しきれない場合は、①の金額から、その控除しきれない金額に調整割合を掛けて計算した金額を控除した金額が、特定収入に係る課税仕入れ等の消費税額となる。

(注) 1　調整割合が著しく変動した場合には、特定収入に係る消費税額について再度調整する必要がある。
　　 2　申告書に添付する付表2（旧税率が適用された取引がある場合には付表2—(2)）の作成に当たっては、調整前の仕入控除税額から特定収入に係る課税仕入れ等の消費税額を差し引いた後の金額がプラスの場合には「差引・控除対象仕入税額⑳」欄に、マイナスの場合には、「差引・控除過大調整税額㉑」欄にその金額を記入すること。

4　申告・納付期限の特例

国、地方公共団体の特別会計や公共・公益法人等については、次のとおり申告・納付期限の特例が定められている。

(1)　国、地方公共団体の特別会計

国については課税期間終了後5か月以内、地方公共団体については課税期間終了後6か月以内（ただし、地方公共団体の経営する企業（地方公営企業）については課税期間終了後3か月以内）とされている。

(2)　公共・公益法人等

公共・公益法人等のうち、税務署長の承認を受けたものについては、6か月以内でその承認を受けた期間の申告期限の特例が認められる。

なお、公共・公益法人等については、法令によりその決算を完結する日が会計年度の末日の翌日以後2月以上経過した日と定められている等、特別な事情がある場合に限り、この税務署長の承認を受けることができる。

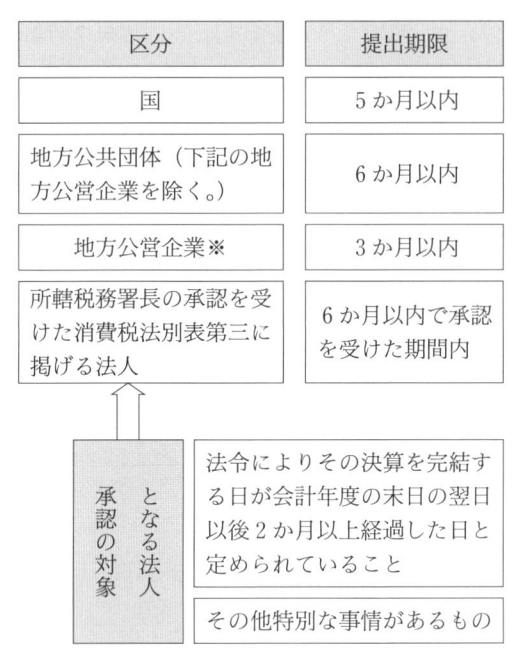

区分	提出期限
国	5か月以内
地方公共団体（下記の地方公営企業を除く。）	6か月以内
地方公営企業※	3か月以内
所轄税務署長の承認を受けた消費税法別表第三に掲げる法人	6か月以内で承認を受けた期間内

承認の対象となる法人：
- 法令によりその決算を完結する日が会計年度の末日の翌日以後2か月以上経過した日と定められていること
- その他特別な事情があるもの

※　地方公営企業とは、地方公営企業法第30条第1項≪決算≫の規定の適用を受ける地方公共団体の経営する企業をいう。

具体的には、水道事業（簡易水道事業を除く）、工業用水道事業、軌道事業、自動車運送事業、鉄道事業、電気事業、ガス事業、病院事業及び条例等により地方公営企業法を適用している事業をいう。

5 帳簿の記載事項及び保存

　課税事業者は、帳簿を備え付けてこれに、売上げ、仕入れ、返品等について、①取引の相手方の氏名又は名称、②取引年月日、③取引の内容、④取引金額等を整然と、かつ、明りょうに記載し、この帳簿を閉鎖の日の属する課税期間の末日から2か月を経過した日から7年間、納税地等で保存しなければならない。

　帳簿の保存方法としては、原則として現物（帳票類）での保存となるが、7年間のうち最後の2年間は一定の要件を満たすマイクロフィルムによる保存が認められる。

　なお、国、地方公共団体の特別会計や公共・公益法人等については、上記①から④までの事項のほか、特定収入等に係る事項として①特定収入等に係る相手方の氏名又は名称、②特定収入等を受けた年月日、③特定収入等の内容、④特定収入等の金額、⑤特定収入等の使途を併せて記載する必要がある。

II 特定収入に係る課税仕入れ等の税額の計算

〔事例１〕課税売上割合が95％以上の場合
　○○市下水道特別会計の当課税期間（平成17年４月１日～平成18年３月31日）の課税売上高等の状況は、次のとおりである。

＜当課税期間の課税売上げ等の状況＞
① 下水道使用料収入（税込課税売上げ）　　　　　　　120,000,000円
② 受益者負担金
　○ 合理的な方法により課税仕入れに使途が特定されたもの
　　　　　　　　　　　　　　　　　　　　　　　　　30,000,000円
　○ 合理的な方法により補償費（不課税）に使途が特定されたもの
　　　　　　　　　　　　　　　　　　　　　　　　　　　100,000円
③ 預金利息収入（非課税売上げ）　　　　　　　　　　　　100,000円
④ 国庫補助金収入
　○ 合理的な方法により課税仕入れに使途が特定されたもの
　　　　　　　　　　　　　　　　　　　　　　　　　20,000,000円
　○ 交付要綱等において地方債の利子の支払いに使途が特定されて
　　いるもの　　　　　　　　　　　　　　　　　　　10,000,000円
⑤ 一般会計繰入金
　○ 合理的な方法により課税仕入れに使途が特定されたもの
　　　　　　　　　　　　　　　　　　　　　　　　　15,000,000円
　○ 合理的な方法により人件費（通勤手当を除く）に使途が特定さ
　　れたもの　　　　　　　　　　　　　　　　　　　25,000,000円

⑥　消費税及び地方消費税の還付金　　　　　　　　　　250,000円
⑦　課税仕入れ（税込み）　　　　　　　　　　　　110,000,000円
(注)　課税売上げ及び課税仕入れの金額は、すべて税込みの金額とする。
※特定収入に係る控除税額の調整計算については、参考（P247～P253参照）の計算表1～5を使用して計算している。

(1) **課税標準額**

（下水道使用料収入）
$120,000,000円 \times \dfrac{100}{105} = 114,285,714円$

　　　　　≒114,285,000円・・・申告書①
　　　　　　（1,000円未満切捨て）

(2) **課税標準額に対する消費税額**

$114,285,000円 \times 4\% = 4,571,400円$・・・申告書②

(3) **調整前の仕入控除税額の計算（付表2、計算表1を使用する。）**

　調整前の仕入控除税額（特定収入に係る調整計算を行う前の課税仕入れ等の消費税額）を計算する。

イ　課税売上割合

$\dfrac{114,285,714円}{114,285,714円 + 100,000円} = \dfrac{114,285,714円}{114,385,714円} = 99.91 \cdots \%$

　　　　　　　　　　　（下水道使用料収入）
※課税売上高（税抜き）＝　$120,000,000円 \times \dfrac{100}{105} = 114,285,714円$

　　　　　　　　　　　　　　　　　　・・・付表2①、計算表1①

　　　　　　　　（預金利息収入）
　非課税売上高　　　100,000円　　・・・付表2⑥、計算表1④

ロ　調整前の仕入控除税額

$$110,000,000円 \times \frac{4}{105} = 4,190,476円 \cdots 付表2⑨$$

(4) **特定収入に係る課税仕入れ等の消費税額（調整税額）の計算**

イ　資産の譲渡等の対価以外の収入を区分する（計算表2を使用する）。

　　　　　　　　　　　（国庫補助金）（一般会計繰入金）（受益者負担金）
※特定収入の合計額＝20,000,000円＋　15,000,000円　＋　30,000,000円

$$= 65,000,000円 \cdots 計算表2(1)⑰Aより$$

（注）補助金収入のうち、交付要綱等において人件費（通勤手当を除く。）に充てることとされているものは、特定収入に該当しない。
　　また、消費税及び地方消費税の還付金（還付加算金を除く）も特定収入には該当しない。

ロ　特定収入割合の計算（計算表3を使用する）

特定収入割合の計算を行い、特定収入に係る調整計算の要否を判定する。

$$\frac{特定収}{入割合} = \frac{その課税期間中の特定収入の合計額}{その課税期間中の（課税売上高＋免税売上高＋非課税売上高＋特定収入の合計額）}$$

$$= \frac{65,000,000円（計算表2(1)⑰A）}{114,285,714円＋100,000円＋65,000,000円} = \frac{65,000,000円}{179,385,714円}$$

$$= 36.23\% \cdots 計算表3④$$

∴　特定収入割合が5％を超えているため、特定収入に係る調整計算を行う必要がある。

ハ　調整後税額の計算（計算表5を使用する）

① 課税仕入れに使途が特定されている特定収入に係る税額

$$65,000,000円（計算表5(1)②） \times \frac{4}{105} = 2,476,190円$$

　　　　　　　　　　　　　　　　　　　　　　・・・計算表 5 (1)③

②　特定収入に係る課税仕入れ等の消費税額（調整税額）

　すべての特定収入の使途が特定されているので、①で計算した金額が調整税額となる。

　　2,476,190円・・・計算表 5 (1)⑦

③　調整前の仕入控除税額から調整税額を差引き控除対象仕入税額を算出する。

　　控除対象仕入税額

　　（調整前の税額）　（調整税額）
　　　4,190,476円 － 2,476,190円 ＝ 1,714,286円

　　　　　　　　　　　　　・・・計算表 5 (1)⑧、付表 2 ⑳、申告書④

(5)　納付税額の計算

イ　差引税額

　　（課税標準額に対する消費税額）
　　　　　　　4,571,400円　　　－1,714,286円＝2,857,114円

　　　　　　　　　　　　　　　　≒2,857,100円・・・申告書⑨

　　　　　　　　　　　　　　　　（100円未満切捨て）

ロ　納付税額

　　2,857,100円・・・申告書⑪

ハ　地方消費税（譲渡割額）の納税額

　　（消費税の差引税額）
　　　　　2,857,100円　　×25％＝714,275円

　　　　　　　　　　　　　　≒714,200円（100円未満切捨て）

　　　　　　　　　　　　　　　　　　　　　・・・申告書⑳

ニ 地方消費税の納付譲渡割額
714,200円・・・申告書㉒

ホ 消費税及び地方消費税の合計額
2,857,100円＋714,200円＝3,571,300円・・・申告書㉖

計算表1　資産の譲渡等の対価の額の計算表

内　　　　　容		金　　額
課税売上げ　通常の課税売上げ、役員へ贈与及び低額譲渡	①	114,285,714 円
課税売上げ　課税標準額に対する消費税額の計算の特例適用の課税売上げ	②	
免税売上げ（輸出取引等）	③	
非課税売上げ	④	100,000
資産の譲渡等の対価の額の合計額	⑤	（計算表3①、計算表4①） 114,385,714

(注) 1　各欄の金額は、いずれも消費税額及び地方消費税額に相当する額を含みません。

2　各欄の金額について、売上げに係る対価の返還等の額がある場合でも、売上げに係る対価の返還等の額を控除する前の金額を記入してください。

3　非課税売上げについては、課税売上割合を計算する場合の調整はありませんから、そのままの金額を記入してください。

4　国外における資産の譲渡等がある場合は、その対価の額を加算してください。

5　②欄には、消費税法施行規則の一部を改正する省令（平成15年財務省令第92号）附則第2条《課税標準額に対する消費税額の計算の特例》の適用を受けるものを記載します。

計算表2　特定収入の金額及びその内訳書

(1) 特定収入、課税仕入れ等に係る特定収入、課税仕入れ等に係る特定収入以外の特定収入の内訳表

内　　容		資産の譲渡等の対価以外の収入	特定収入 A	Aのうち課税仕入れ等にのみ使途が特定されている金額(「課税仕入れ等に係る特定収入」) B	A－Bの金額(「課税仕入れ等に係る特定収入以外の特定収入」) C
租　　　　　税	①	円	円	円	円
補助金・交付金等	②	30,000,000	20,000,000	20,000,000	
他会計からの繰入金	③	40,000,000	15,000,000	15,000,000	
寄　附　金	④				
出資に対する配当金	⑤				
保　険　金	⑥				
損　害　賠　償　金	⑦				
会費・入会金	⑧				
喜　捨　金	⑨				
債　務　免　除　益	⑩				
借　入　金	⑪				
出　資　の　受　入　れ	⑫				
貸　付　回　収　金	⑬				
受益者負担金	⑭	30,100,000	30,000,000	30,000,000	
消費税及び地方消費税の還付金	⑮	250,000			
	⑯				
合　　　　　計	⑰	100,350,000	計算表3② 65,000,000	計算表5(1)②,(3)② 65,000,000	計算表4②

計算表3　特定収入割合の計算表

内　　容		金　額　等
資産の譲渡等の対価の額の合計額（計算表1⑤）	①	114,385,714 円
特定収入の合計額（計算表2(1)⑰のA）	②	65,000,000
分母の額（①+②）	③	179,385,714
特定収入割合（②÷③）	④	36.3 ％

(注)　④欄は、小数点第4位以下の端数を切り上げて、百分率で記入してください。

○　特定収入割合が
・5％を超える場合 ⇒　課税仕入れ等の税額の調整が必要です。引き続き【計算表4，5】の作成を行います。
・5％以下の場合　⇒　課税仕入れ等の税額の調整は不要です。通常の計算により計算した課税仕入れ等の税額の合計額を控除対象仕入税額として申告書の作成を行います。

計算表4　調整割合の計算表

内　　容		金　額　等
資産の譲渡等の対価の額の合計額（計算表1⑤）	①	114,385,714 円
課税仕入れ等に係る特定収入以外の特定収入（計算表2(1)⑰のC）	②	0
分母の額（①+②）	③	114,385,714
調整割合　{ ②の金額 / ③の金額 }	④	0 / 114,385,714

→ 計算表5(1)⑤
　 計算表5(2)⑩
　 計算表5(3)⑦

II 特定収入に係る課税仕入れ等の税額の計算 221

計算表 5　調整後税額の計算表

(1) 課税売上割合が95％以上の場合

内　　　　容		金　額　等
調整前の課税仕入れ等の税額の合計額	①	4,190,476 円
課税仕入れ等にのみ使途が特定されている特定収入（「課税仕入れ等に係る特定収入」）（計算表 2(1)⑰の B）	②	65,000,000
② × $\frac{4}{105}$　（1円未満の端数切捨て）	③	2,476,190
① − ③	④	1,714,286
調整割合（計算表 4 ④）	⑤	$\frac{0}{114,385,714}$
④ × ⑤　（1円未満の端数切捨て）	⑥	0
特定収入に係る課税仕入れ等の税額（③ + ⑥）	⑦	2,476,190
控除対象仕入税額（① − ⑦）	⑧	1,714,286

(注) ④、⑥、⑦、⑧欄の計算結果がマイナスの場合には、「△」で表示します。

⑧欄の金額が
　プラス（＋）の場合　申告書付表 2 の⑳欄及び申告書（一般用）の④欄（控除対象仕入税額）へ転記します。
　マイナス（−）の場合　申告書付表 2 の㉑欄及び申告書（一般用）の③欄（控除過大調整税額）の金額に加算します。

第27—(1)号様式

課税期間分の消費税及び地方消費税の(確定)申告書

平成18年6月30日 ○○税務署長殿

- 納税地: ○○市○○丘中央1-1-1 (電話番号 000-000-0000)
- (フリガナ) 名称又は屋号: ○○市下水道事業特別会計
- (フリガナ) 代表者氏名又は氏名: 公共 一郎 ㊞
- 経理担当者氏名:

自 平成17年4月1日
至 平成18年3月31日

平成九年四月一日以後終了課税期間分(一般用)

この申告書による消費税の税額の計算

課税標準額 ①	114,285,000
消費税額 ②	4,571,400
控除過大調整税額 ③	
控除対象仕入税額 ④	1,714,286
返還等対価に係る税額 ⑤	
貸倒れに係る税額 ⑥	
控除税額小計 (④+⑤+⑥) ⑦	1,714,286
控除不足還付税額 (⑦-②-③) ⑧	
差引税額 (②+③-⑦) ⑨	2,857,100
中間納付税額 ⑩	00
納付税額 (⑨-⑩) ⑪	2,857,100
中間納付還付税額 (⑩-⑨) ⑫	00
この申告書が修正申告である場合 既確定税額 ⑬	
差引納付税額 ⑭	00
課税売上割合 課税資産の譲渡等の対価の額 ⑮	114,285,714
資産の譲渡等の対価の額 ⑯	114,385,714

この申告書による地方消費税の税額の計算

地方消費税の課税標準となる消費税額 控除不足還付税額(⑧) ⑰	
差引税額(⑨) ⑱	2,857,100
譲渡割額 還付額 (⑰×25%) ⑲	
納税額 (⑱×25%) ⑳	714,200
中間納付譲渡割額 ㉑	
納付譲渡割額 (⑳-㉑) ㉒	714,200
中間納付還付譲渡割額 (㉑-⑳) ㉓	00
この申告書が修正申告である場合 既確定譲渡割額 ㉔	
差引納付譲渡割額 ㉕	00
消費税及び地方消費税の合計(納付又は還付)税額 ㉖	3,571,300

付記事項・参考事項

- 割賦基準の適用: 有 / ⦿無 31
- 延払基準等の適用: 有 / ⦿無 32
- 工事進行基準の適用: 有 / ⦿無 33
- 現金主義会計の適用: 有 / ⦿無 34
- 課税標準額に対する消費税額の計算の特例の適用: 有 / ⦿無 35
- 控除税額の計算方法: 課税売上割合 95%未満 / 95%以上 ⦿ 個別対応方式 / 一括比例配分方式 / 全額控除 41

①・②の内訳
- 課税標準額 4%分: 114,285 千円
- 旧税率分 3%分: 千円
- 消費税額 4%分: 4,571,400 円
- 旧税率分 3%分: 円

基準期間の課税売上高: 98,457,000 円

還付を受けようとする金融機関等
- 銀行/金庫・組合/農協・漁協 本店・支店/本所・支所
- 預金 口座番号
- ゆうちょ銀行 郵便局

税理士署名押印 (電話番号 - -) ㊞
- ○ 税理士法第30条の書面提出有
- ○ 税理士法第33条の2の書面提出有

II 特定収入に係る課税仕入れ等の税額の計算 223

付表2 課税売上割合・控除対象仕入税額等の計算表

一般

| 課税期間 | 17・4・1～18・3・31 | 氏名又は名称 | ○○市下水道事業特別会計 |

項目		金額
課税売上額(税抜き)	①	114,285,714 円
免税売上額	②	
非課税資産の輸出等の金額、海外支店等へ移送した資産の価額	③	
課税資産の譲渡等の対価の額(①+②+③)	④	114,285,714 ※申告書の⑮欄へ
課税資産の譲渡等の対価の額(④の金額)	⑤	114,285,714
非課税売上額	⑥	100,000
資産の譲渡等の対価の額(⑤+⑥)	⑦	114,385,714 ※申告書の⑯欄へ
課税売上割合(④/⑦)		[99.9 %] ※端数切捨て
課税仕入れに係る支払対価の額(税込み)	⑧	※注2参照 110,000,000
課税仕入れに係る消費税額(⑧×4/105)	⑨	※注3参照 4,190,476
課税貨物に係る消費税額	⑩	
納税義務の免除を受けない(受ける)こととなった場合における消費税額の調整(加算又は減算)額	⑪	
課税仕入れ等の税額の合計額(⑨+⑩±⑪)	⑫	4,190,476
課税売上割合が95%以上の場合(⑫の金額)	⑬	4,190,476
課税売上割合が95%未満の場合 個別対応方式 ⑫のうち、課税売上げにのみ要するもの	⑭	
⑫のうち、課税売上げと非課税売上げに共通して要するもの	⑮	
個別対応方式により控除する課税仕入れ等の税額 [⑭+(⑮×④/⑦)]	⑯	
一括比例配分方式により控除する課税仕入れ等の税額 (⑫×④/⑦)	⑰	
控除税額の調整 課税売上割合変動時の調整対象固定資産に係る消費税額の調整(加算又は減算)額	⑱	
調整対象固定資産を課税業務用(非課税業務用)に転用した場合の調整(加算又は減算)額	⑲	
差引 控除対象仕入税額 [(⑬、⑯又は⑰の金額)±⑱±⑲]がプラスの時	⑳	1,714,286 ※申告書の④欄へ
控除過大調整税額 [(⑬、⑯又は⑰の金額)±⑱±⑲]がマイナスの時	㉑	※申告書の③欄へ
貸倒回収に係る消費税額	㉒	※申告書の③欄へ

注意 1 金額の計算においては、1円未満の端数を切り捨てる。
2 ⑧欄には、値引き、割戻し、割引きなど仕入対価の返還等の金額がある場合(仕入対価の返還等の金額を仕入金額から直接減額している場合を除く。)には、その金額を控除した後の金額を記入する。
3 上記2に該当する場合には、⑨欄には次の算式により計算した金額を記入する。

$$\text{課税仕入れに係る消費税額⑨} = \left[\frac{\text{課税仕入れに係る支払対価の額(仕入対価の返還等の金額を控除する前の税込金額)}}{} \times \frac{4}{105}\right] - \left[\text{仕入対価の返還等の金額(税込み)} \times \frac{4}{105}\right]$$

4 ⑳欄と㉒欄のいずれにも記載がある場合は、その合計金額を申告書③欄に記入する。

〔事例2〕課税売上割合が95％未満の場合

　（財）○○協会の当課税期間（平成17年4月1日〜平成18年3月31日）の課税売上高等の状況は、次のとおりである。

〔当課税期間の課税売上げ等の状況〕

① 料金等収入（税込課税売上げ）　　　　　　　　　　120,000,000円
② 備品売却収入（税込課税売上げ）　　　　　　　　　　4,000,000円
③ 土地売却収入（非課税売上げ）　　　　　　　　　　 50,000,000円
④ 預金利息収入（非課税売上げ）　　　　　　　　　　　1,500,000円
⑤ 補助金収入
　○ 交付要綱等において課税売上げにのみ要する課税仕入れに使途が特定されているもの　　　　　　　　　　　　　　　　20,000,000円
　○ 交付要綱等において課税売上げ及び非課税売上げに共通して要する課税仕入れに使途が特定されているもの　　　15,000,000円
　○ 交付要綱等において人件費（通勤手当を除く。）に充てることとされているもの　　　　　　　　　　　　　　　　10,000,000円
⑥ 寄附金収入　　　　　　　　　　　　　　　　　　　　3,000,000円
⑦ 配当金収入（出資に対するもの）　　　　　　　　　　1,000,000円
⑧ 保険金収入　　　　　　　　　　　　　　　　　　　　2,500,000円
⑨ 課税仕入れ（税込み）
　○ 課税売上げにのみ要する課税仕入れ　　　　　　　50,500,000円
　○ 課税売上げ及び非課税売上げに共通して要する課税仕入れ
　　　　　　　　　　　　　　　　　　　　　　　　　 30,000,000円
　○ 非課税売上げにのみ要する課税仕入れ　　　　　　　4,500,000円
⑩ 消費税の中間納付税額　　　　　　　　　　　　　　　　761,900円
⑪ 地方消費税の中間納付税額　　　　　　　　　　　　　　190,400円

（注）課税売上げ及び課税仕入れの金額は、すべて税込みの金額とする。

※　特定収入に係る控除税額の調整計算については、参考（P247～P253参照）計算表1～5を使用して計算している。

1　個別対応方式を採用している場合

(1)　課税標準額

（料金等収入）　（備品売却収入）
$(120,000,000円 + 4,000,000円) \times \dfrac{100}{105} = 118,095,238円$

$\fallingdotseq 118,095,000円 \cdots$ 申告書①

（1,000円未満切捨て）

(2)　課税標準額に対する消費税額

$118,095,000円 \times 4\% = 4,723,800円 \cdots$ 申告書②

(3)　調整前の仕入控除税額の計算（付表2、計算表1を使用する）

　調整前の仕入控除税額（特定収入に係る調整計算を行う前の課税仕入れ等の消費税額）を計算する。

> ○　個別対応方式を採用した場合の調整前の仕入控除税額
>
> 調整前の仕入控除税額＝
>
> 課税売上げにのみ要する課税仕入れ等の消費税額　＋　課税売上げと非課税売上げに共通して要する課税仕入れ等の消費税額　×　課税売上割合

イ　課税売上割合

$\dfrac{118,095,238円}{118,095,238円 + 51,500,000円} = \dfrac{118,095,238円}{169,595,238円} = 69.63\cdots\%$

※　課税売上高（税抜き）＝（120,000,000円＋ 4,000,000円 ）×$\frac{100}{105}$
　　　　　　　　　　　　　　　（料金収入）　（備品売却収入）

　　　　　　　　　　　　＝118,095,238円・・・付表2①、計算表1①

　　　　　　　　　　（土地売却収入）（預金利息収入）
　　非課税売上高＝50,000,000円＋ 1,500,000円＝ 51,500,000円

　　　　　　　　　　　　　　　　　・・・付表2⑥、計算表1④

ロ　調整前の仕入控除税額

①　課税売上げにのみ要する課税仕入れ等の税額

　　50,500,000円×$\frac{4}{105}$＝1,923,809円・・・付表2⑭

②　非課税売上げにのみ要する課税仕入れ等の税額

　　4,500,000円×$\frac{4}{105}$＝171,428円

③　課税売上げと非課税売上げに共通して要する課税仕入れ等の税額

　　30,000,000円×$\frac{4}{105}$＝1,142,857円・・・付表2⑮

④　個別対応方式による仕入控除税額

　　①の金額＋③の金額×課税売上割合

　　＝1,923,809円＋1,142,857円×$\frac{118,095,238円}{169,595,238円}$＝2,719,621円

　　　　　　　　　　　　　・・・付表2⑯、計算表5(2)①

(4)　特定収入に係る課税仕入れ等の消費税額（調整税額）の計算

イ　資産の譲渡等の対価以外の収入を区分する（計算表2を使用する）。

　　　　　　　　　　（補助金）　　（補助金）　　（寄附金）
※　特定収入の合計額＝20,000,000円＋15,000,000円＋3,000,000円

　　　　　　　　　（配当金）　（保険金）
　　　　　　　　＋1,000,000円＋2,500,000円＝41,500,000円

$$\cdots 計算表2(1)⑰Aより$$

（注）補助金収入のうち、交付要綱等において人件費（通勤手当を除く。）に充てることとされているものは、特定収入に該当しない。

ロ　特定収入割合の計算

特定収入割合の計算を行い、特定収入に係る調整計算の要否を判定する。

$$\text{特定収入割合} = \frac{\text{その課税期間中の特定収入の合計額}}{\text{その課税期間中の（課税売上高＋免税売上高＋非課税売上高＋特定収入の合計額）}}$$

$$= \frac{41,500,000円（計算表2(1)⑰A）}{118,095,238円 + 51,500,000円 + 41,500,000円}$$

$$= \frac{41,500,000円}{211,095,238円} = 19.65\% \cdots 計算表3④$$

∴　特定収入割合が5％を超えているため、特定収入に係る調整計算を行う必要がある。

ハ　調整後税額の計算（計算表5を使用する）

① 　課税売上げにのみ要する課税仕入れに使途が特定されている特定収入に係る税額

$$20,000,000円（計算表5(2)②）\times \frac{4}{105} = 761,904円 \cdots 計算表5(2)③$$

② 　課税売上げと非課税売上げに共通して要する課税仕入れに使途が特定されている特定収入に係る税額

$$15,000,000円（計算表5(2)④）\times \frac{4}{105} \times \frac{118,095,238円}{169,595,238円} = 397,905円$$

$$\cdots 計算表5(2)⑦$$

③ 　使途不特定の特定収入に係る税額

$$\text{調整割合} = \frac{6,500,000円（計算表2(1)⑰C）}{118,095,238円 + 51,500,000円 + 6,500,000円}$$

$$=\frac{6,500,000円}{176,095,238円}\cdots 計算表4④$$

※ 使途不特定の特定収入＝3,000,000円(寄附金)＋1,000,000円(配当金)＋2,500,000円(保険金)

(計算表2(1)により算出)＝6,500,000円　・・・計算表2(1)⑰Cより

(調整前の仕入控除税額)　(ハ①の金額)　(ハ②の金額)
2,719,621円　－　761,904円　－　397,905円

$\qquad\qquad\qquad\qquad\qquad\qquad =1,559,812円\cdots 計算表5(2)⑨$

1,559,812円×調整割合

$\qquad\qquad\qquad\qquad =57,575円\cdots 計算表5(2)⑪$

④ 特定収入に係る課税仕入れ等の消費税額(調整税額)

761,904円＋397,905円＋57,575円＝1,217,384円　・・・計算表5(2)⑫

⑤ 調整前の仕入控除税額から調整税額を差し引き控除対象仕入税額を算出する。

控除対象仕入税額

　(調整前の税額)　(調整税額)
　2,719,621円　－　1,217,384円　＝1,502,237円

$\qquad\qquad\qquad\qquad\cdots 計算表5(2)⑬、付表2⑳、申告書④$

(5) 納付税額の計算

イ　差引税額

(課税標準額に対する消費税額)
　　　4,723,800円　　　－1,502,237円＝3,221,563円

$\qquad\qquad\qquad\qquad ≒3,221,500円\cdots 申告書⑨$

(100円未満切捨て)

ロ　納付税額

(差引税額)　(中間納付税額)
3,221,500円　－　761,900円　＝2459,600円・・・申告書⑪

ハ 地方消費税（譲渡割額）の納税額

(消費税の差引税額)
3,221,500円× 25％＝805,375円≒805,300円（100円未満切捨て）

・・・申告書⑳

ニ 地方消費税の納付譲渡割額

（譲渡割額納税額）　（中間納付税額）
805,300円　－　190,400円　＝614,900円・・・申告書㉒

ホ 消費税及び地方消費税の合計額

2,459,600円＋614,900円＝3,074,500円・・・申告書㉖

計算表1　資産の譲渡等の対価の額の計算表

内容		金額
課税売上げ	通常の課税売上げ、役員へ贈与及び低額譲渡　①	118,095,238 円
	課税標準額に対する消費税額の計算の特例適用の課税売上げ　②	
免税売上げ（輸出取引等）　③		
非課税売上げ　④		51,500,000
資産の譲渡等の対価の額の合計額　⑤		（計算表3①、計算表4①） 169,595,238

(注) 1　各欄の金額は、いずれも消費税額及び地方消費税額に相当する額を含みません。
　　 2　各欄の金額について、売上げに係る対価の返還等の額がある場合でも、売上げに係る対価の返還等の額を控除する前の金額を記入してください。
　　 3　非課税売上げについては、課税売上割合を計算する場合の調整はありませんから、そのままの金額を記入してください。
　　 4　国外における資産の譲渡等がある場合は、その対価の額を加算してください。
　　 5　②欄には、消費税法施行規則の一部を改正する省令（平成15年財務省令第92号）附則第2条《課税標準額に対する消費税額の計算の特例》の適用を受けるものを記載します。

II 特定収入に係る課税仕入れ等の税額の計算　231

計算表2　特定収入の金額及びその内訳書

(1) 特定収入、課税仕入れ等に係る特定収入、課税仕入れ等に係る特定収入以外の特定収入の内訳表

内　　容		資産の譲渡等の対価以外の収入	特定収入 A	Aのうち課税仕入れ等にのみ使途が特定されている金額（「課税仕入れ等に係る特定収入」） B	A－Bの金額（「課税仕入れ等に係る特定収入以外の特定収入」） C
租　　　　税	①	円	円	円	円
補助金・交付金等	②	45,000,000	35,000,000	35,000,000	
他会計からの繰入金	③				
寄　附　金	④	3,000,000	3,000,000		3,000,000
出資に対する配当金	⑤	1,000,000	1,000,000		1,000,000
保　険　金	⑥	2,500,000	2,500,000		2,500,000
損害賠償金	⑦				
会費・入会金	⑧				
喜　捨　金	⑨				
債務免除益	⑩				
借　入　金	⑪				
出資の受入れ	⑫				
貸付回収金	⑬				
	⑭				
	⑮				
	⑯				
合　　　　計	⑰	51,500,000	計算表3② 41,500,000	計算表5(1)②,(3)② 35,000,000	計算表4② 6,500,000

計算表2　特定収入の金額及びその内訳書（個別対応方式用）

(2) 課税売上げにのみ要する課税仕入れ等にのみ使途が特定されている特定収入、課税・非課税売上げに共通して要する課税仕入れ等にのみ使途が特定されている特定収入の内訳書

※　この表は課税売上割合が95％未満で個別対応方式を採用している場合のみ使用

内　容		課税仕入れ等に係る特定収入 （計算表2(1)のB欄の金額） D	Dの金額のうち	
			課税売上げにのみ要する課税仕入れ等にのみ使途が特定されている特定収入 E	課税・非課税売上げに共通して要する課税仕入れ等にのみ使途が特定されている特定収入 F
租　　　　税	①	円	円	円
補助金・交付金等	②	35,000,000	20,000,000	15,000,000
他会計からの繰入金	③			
寄　附　金	④			
出資に対する配当金	⑤			
保　険　金	⑥			
損　害　賠　償　金	⑦			
会費・入会金	⑧			
喜　捨　金	⑨			
債　務　免　除　益	⑩			
借　入　金	⑪			
出資の受入れ	⑫			
貸　付　回　収　金	⑬			
	⑭			
	⑮			
	⑯			
合　　　計	⑰	35,000,000	計算表5(2)② 20,000,000	計算表5(2)④ 15,000,000

II 特定収入に係る課税仕入れ等の税額の計算　233

計算表3　特定収入割合の計算表

内容		金額等
資産の譲渡等の対価の額の合計額（計算表1⑤）	①	169,595,238 円
特定収入の合計額（計算表2(1)⑰のA）	②	41,500,000
分母の額（①＋②）	③	211,095,238
特定収入割合（②÷③）	④	19.7 %

(注)　④欄は、小数点第4位以下の端数を切り上げて、百分率で記入してください。

○　特定収入割合が
・5％を超える場合 ⇨ 課税仕入れ等の税額の調整が必要です。引き続き【計算表4，5】の作成を行います。
・5％以下の場合　 ⇨ 課税仕入れ等の税額の調整は不要です。通常の計算により計算した課税仕入れ等の税額の合計額を控除対象仕入税額として申告書の作成を行います。

計算表4　調整割合の計算表

内容		金額等
資産の譲渡等の対価の額の合計額（計算表1⑤）	①	169,595,238 円
課税仕入れ等に係る特定収入以外の特定収入（計算表2(1)⑰のC）	②	6,500,000
分母の額（①＋②）	③	176,095,238
調整割合　{ ②の金額 / ③の金額 }	④	$\dfrac{6,500,000}{176,095,238}$

→ 計算表5(1)⑤
　 計算表5(2)⑩
　 計算表5(3)⑦

計算表5　調整後税額の計算表

(2) 課税売上割合が95%未満で個別対応方式を採用している場合

内　容		金　額　等
調整前の課税仕入れ等の税額の合計額	①	2,719,621 円
課税売上げにのみ要する課税仕入れ等にのみ使途が特定されている特定収入（計算表2(2)⑰のE）	②	20,000,000
② × $\frac{4}{105}$（1円未満の端数切捨て）	③	761,904
課税・非課税売上げに共通して要する課税仕入れ等にのみ使途が特定されている特定収入（計算表2(2)⑰のF）	④	15,000,000
④ × $\frac{4}{105}$（1円未満の端数切捨て）	⑤	571,428
課税売上割合（準ずる割合の承認を受けている場合はその割合）	⑥	$\frac{118,095,238}{169,595,238}$
⑤×⑥（1円未満の端数切捨て）	⑦	397,905
③+⑦	⑧	1,159,809
①-⑧	⑨	1,559,812
調整割合（計算表4④）	⑩	$\frac{6,500,000}{176,095,238}$
⑨×⑩（1円未満の端数切捨て）	⑪	57,575
特定収入に係る課税仕入れ等の税額（⑧+⑪）	⑫	1,217,384
控除対象仕入税額（①-⑫）	⑬	1,502,237

(注)　⑨、⑪、⑫、⑬欄の計算結果がマイナスの場合には、「△」で表示します。

⑬欄の金額が

　プラス（＋）の場合　申告書付表2の⑳欄及び申告書（一般用）の④欄（控除対象仕入税額）へ転記します。

　マイナス（－）の場合　申告書付表2の㉑欄及び申告書（一般用）の③欄（控除過大調整税額）の金額に加算します。

II 特定収入に係る課税仕入れ等の税額の計算　235

第27－(1)号様式

平成18年5月31日　麹町税務署長殿

納税地: 千代田区霞が関3-1-1（電話番号 03-0000-0000）
名称又は屋号: 財団法人 〇〇協会
代表者氏名又は氏名: 公共 一郎 ㊞
経理担当者氏名:

自 平成17年4月1日
至 平成18年3月31日
課税期間分の消費税及び地方消費税の（確定）申告書

この申告書による消費税の税額の計算

① 課税標準額	118,095,000　03
② 消費税額	4,723,800　06
③ 控除過大調整税額	
④ 控除対象仕入税額	1,502,237　08
⑤ 返還等対価に係る税額	09
⑥ 貸倒れに係る税額	10
⑦ 控除税額小計（④+⑤+⑥）	1,502,237
⑧ 控除不足還付税額（⑦-②-③）	13
⑨ 差引税額（②+③-⑦）	3,221,500　15
⑩ 中間納付税額	761,900　16
⑪ 納付税額（⑨-⑩）	2,459,600　17
⑫ 中間納付還付税額（⑩-⑨）	00　18
⑬ この申告書が修正申告である場合 既確定税額	19
⑭ 差引納付税額	00　20
⑮ 課税売上割合 課税資産の譲渡等の対価の額	118,095,238　21
⑯ 資産の譲渡等の対価の額	169,595,238　22

この申告書による地方消費税の税額の計算

⑰ 地方消費税の課税標準となる消費税額 控除不足還付税額(⑧)	51
⑱ 差引税額(⑨)	3,221,500　52
⑲ 譲渡割額 還付額(⑰×25％)	53
⑳ 納税額(⑱×25％)	805,300　54
㉑ 中間納付譲渡割額	190,400　55
㉒ 納付譲渡割額（⑳-㉑）	614,900　56
㉓ 中間納付還付譲渡割額（㉑-⑳）	57
㉔ この申告書が修正申告である場合 既確定譲渡割額	58
㉕ 差引納付譲渡割額	59
㉖ 消費税及び地方消費税の合計（納付又は還付）税額	3,074,500　60

付記事項
- 割賦基準の適用　有・無○　31
- 延払基準の適用　有・無○　32
- 工事進行基準の適用　有・無○　33
- 現金主義会計の適用　有・無○　34
- 課税標準額に対する消費税額の計算の特例の適用　有・無○　35

参考事項
- 控除税額の計算方法: 個別対応方式○、一括比例配分方式、全額控除
- 課税売上割合　95％未満・95％以上

①課税標準額: 4％分 118,095千円／3％旧税率分 千円
②消費税額: 4％分 4,723,800円／3％旧税率分 円

基準期間の課税売上高: 109,523,809円

税理士署名押印: 公益 太郎 ㊞（電話番号 03-0000-△△△△）

○ 税理士法第30条の書面提出有
○ 税理士法第33条の2の書面提出有

平成九年四月一日以後終了課税期間分（一般用）

付表2　課税売上割合・控除対象仕入税額等の計算表

一般

| 課税期間 | 17.4.1～18.3.31 | 氏名又は名称 | 財団法人　○○協会 |

項目		金額
課税売上額（税抜き）	①	118,095,238 円
免税売上額	②	
非課税資産の輸出等の金額、海外支店等へ移送した資産の価額	③	
課税資産の譲渡等の対価の額（①+②+③）	④	118,095,238　※申告書の⑮欄へ
課税資産の譲渡等の対価の額（④の金額）	⑤	118,095,238
非課税売上額	⑥	51,500,000
資産の譲渡等の対価の額（⑤+⑥）	⑦	169,595,238　※申告書の⑯欄へ
課税売上割合（④/⑦）		〔 69.6 %〕※端数切捨て
課税仕入れに係る支払対価の額（税込み）	⑧	※注2参照　85,000,000
課税仕入れに係る消費税額（⑧×4/105）	⑨	※注3参照　3,238,095
課税貨物に係る消費税額	⑩	
納税義務の免除を受けない（受ける）こととなった場合における消費税額の調整（加算又は減算）額	⑪	
課税仕入れ等の税額の合計額（⑨+⑩±⑪）	⑫	3,238,095
課税売上割合が95%以上の場合（⑫の金額）	⑬	
課税売上割合が95%未満の場合　個別対応方式 ⑫のうち、課税売上げにのみ要するもの	⑭	1,923,809
⑫のうち、課税売上げと非課税売上げに共通して要するもの	⑮	1,142,857
個別対応方式により控除する課税仕入れ等の税額〔⑭+（⑮×④/⑦）〕	⑯	2,719,621
一括比例配分方式により控除する課税仕入れ等の税額（⑫×④/⑦）	⑰	
控除税額調整 課税売上割合変動時の調整対象固定資産に係る消費税額の調整（加算又は減算）額	⑱	
調整対象固定資産を課税業務用（非課税業務用）に転用した場合の調整（加算又は減算）額	⑲	
差引 控除対象仕入税額〔（⑬、⑯又は⑰の金額）±⑱±⑲〕がプラスの時	⑳	1,502,237　※申告書の④欄へ
控除過大調整税額〔（⑬、⑯又は⑰の金額）±⑱±⑲〕がマイナスの時	㉑	※申告書の③欄へ
貸倒回収に係る消費税額	㉒	※申告書の③欄へ

注意1　金額の計算においては、1円未満の端数を切り捨てる。
　　2　⑧欄には、値引き、割戻し、割引きなど仕入対価の返還等の金額がある場合（仕入対価の返還等の金額を仕入金額から直接減額している場合を除く。）には、その金額を控除した後の金額を記入する。
　　3　上記2に該当する場合には、⑨欄には次の算式により計算した金額を記入する。

$$課税仕入れに係る消費税額⑨ = \left[\begin{array}{c} 課税仕入れに係る支払対価（仕入対価\\ の返還等の金額を控除する前の税込金額） \end{array} \times \frac{4}{105} \right] - \left[\begin{array}{c} 仕入対価の返還等\\ の金額（税込み） \end{array} \times \frac{4}{105} \right]$$

　　4　㉑欄と㉒欄のいずれにも記載がある場合は、その合計金額を申告書③欄に記入する。

2　一括比例配分方式を採用している場合

(1) 課税標準額

個別対応方式（P225(1)参照）と同様である。

118,095,000円・・・申告書①

(2) 課税標準額に対する消費税額

個別対応方式（P225(2)参照）と同様である。

4,723,800円・・・申告書②

(3) 調整前の仕入控除税額の計算（付表2、計算表1を使用する）

調整前の仕入控除税額（特定収入に係る調整計算を行う前の課税仕入れ等の消費税額）を計算する。

> ○　一括比例配分方式を採用した場合の調整前の仕入控除税額
> 　　調整前の仕入控除税額＝課税仕入れ等の消費税額×課税売上割合

イ　課税売上割合

$$\frac{118,095,238円}{118,095,238円 + 51,500,000円} = \frac{118,095,238円}{169,595,238円} = 69.63\cdots\%$$

※　計算内訳については、個別対応方式（225ページ）参照。

ロ　調整前の仕入控除税額
　① 課税仕入れの支払対価の額の合計額

　　85,000,000円（付表2⑧）×$\frac{4}{105}$＝3,238,095円・・・付表2⑨

　② 一括比例配分方式による仕入れに係る消費税額

$$3,238,095円 \times \frac{118,095,238円}{169,595,238円} = 2,254,801円$$

・・・付表2⑰、計算表5(3)①

(4) 特定収入に係る課税仕入れ等の消費税額（調整税額）の計算

イ 資産の譲渡等の対価以外の収入を区分する（計算表2を使用する）。

ロ 特定収入割合の計算（計算表3を使用する）

　特定収入割合の計算を行い、特定収入に係る調整計算の要否を判定する。

$$・特定収入割合 = \frac{41,500,000円（計算表2(1)⑰A）}{118,095,238円 + 51,500,000円 + 41,500,000円}$$
$$= 19.65\% \cdots 計算表3④$$

∴ 特定収入が5％を超えているため、特定収入に係る調整計算を行う必要がある。

ハ 調整後税額の計算（計算表5を使用する）

① 課税仕入れに使途が特定されている特定収入に係る税額

$$35,000,000円（計算表5(3)②）\times \frac{4}{105} \times \frac{118,095,238円}{169,595,238円} = 928,447円$$

・・・計算表5(3)⑤

② 使途不特定の特定収入に係る税額

$$調整割合 = \frac{6,500,000円（計算表2(1)⑰C）}{118,095,238円 + 51,500,000円 + 6,500,000円}$$
$$= \frac{6,500,000円}{176,095,238円} \cdots 計算表4④$$

II 特定収入に係る課税仕入れ等の税額の計算　239

$$(2,254,801円 - 928,447円) \times \frac{6,500,000円}{176,095,238円} = 48,958円$$

・・・計算表5(3)⑧

③ 特定収入に係る課税仕入れ等の消費税額（調整税額）

928,447円 + 48,958円 = 977,405円・・・計算表5(3)⑨

④ 調整前の仕入控除税額から調整税額を差し引き控除対象仕入税額を算出する。

控除対象仕入税額

（調整前の税額）　（調整税額）
2,254,801円 － 977,405円 = 1,277,396円・・・計算表5(3)⑩

(5) 納付税額の計算

イ　差引税額

（課税標準額に対する消費税額）
　　　　4,723,800円　　　　 － 1,277,396円 = 3,446,404円

≒ 3,446,400円・・・申告書⑨

（100円未満切捨て）

ロ　納付税額

（差引税額）　（中間納付税額）
3,446,400円 －　761,900円　= 2,684,500円・・・申告書⑪

ハ　地方消費税（譲渡割額）の納税額

（消費税の差引税額）
　　　3,446,400円　　× 25% = 861,600円・・・申告書⑳

ニ　地方消費税の納付譲渡割額

　　（譲渡割額納税額）　（中間納付税額）
　　　　861,600円　　－　　190,400円　＝671,200円・・・申告書㉒

ホ　消費税及び地方消費税の合計額

　　2,684,500円＋671,200円＝3,355,700円・・・申告書㉖

計算表1　資産の譲渡等の対価の額の計算表

内容		金額
課税売上げ 通常の課税売上げ、役員へ贈与及び低額譲渡	①	118,095,238 円
課税売上げ 課税標準額に対する消費税額の計算の特例適用の課税売上げ	②	
免税売上げ（輸出取引等）	③	
非課税売上げ	④	51,500,000
資産の譲渡等の対価の額の合計額	⑤	（計算表3①、計算表4①） 169,595,238

(注)
1. 各欄の金額は、いずれも消費税額及び地方消費税額に相当する額を含みません。
2. 各欄の金額について、売上げに係る対価の返還等の額がある場合でも、売上げに係る対価の返還等の額を控除する前の金額を記入してください。
3. 非課税売上げについては、課税売上割合を計算する場合の調整はありませんから、そのままの金額を記入してください。
4. 国外における資産の譲渡等がある場合は、その対価の額を加算してください。
5. ②欄には、消費税法施行規則の一部を改正する省令（平成15年財務省令第92号）附則第2条《課税標準額に対する消費税額の計算の特例》の適用を受けるものを記載します。

計算表2　特定収入の金額及びその内訳書

(1) 特定収入、課税仕入れ等に係る特定収入、課税仕入れ等に係る特定収入以外の特定収入の内訳表

内容		資産の譲渡等の対価以外の収入	特定収入 A	Aのうち課税仕入れ等にのみ使途が特定されている金額(「課税仕入れ等に係る特定収入」) B	A－Bの金額(「課税仕入れ等に係る特定収入以外の特定収入」) C
租　　　　税	①	円	円	円	円
補助金・交付金等	②	45,000,000	35,000,000	35,000,000	
他会計からの繰入金	③				
寄　附　金	④	3,000,000	3,000,000		3,000,000
出資に対する配当金	⑤	1,000,000	1,000,000		1,000,000
保　険　金	⑥	2,500,000	2,500,000		2,500,000
損害賠償金	⑦				
会費・入会金	⑧				
喜　捨　金	⑨				
債務免除益	⑩				
借　入　金	⑪				
出資の受入れ	⑫				
貸付回収金	⑬				
	⑭				
	⑮				
	⑯				
合　　　計	⑰	51,500,000	計算表3② 41,500,000	計算表5(1)②,(3)② 35,000,000	計算表4② 6,500,000

計算表3　特定収入割合の計算表

内　　容		金　額　等
資産の譲渡等の対価の額の合計額（計算表1⑤）	①	169,595,238 円
特定収入の合計額（計算表2⑴⑰のA）	②	41,500,000
分母の額（①＋②）	③	211,095,238
特定収入割合（②÷③）	④	19.7 ％

(注)　④欄は、小数点第4位以下の端数を切り上げて、百分率で記入してください。

○　特定収入割合が
・5％を超える場合 ⇨　課税仕入れ等の税額の調整が必要です。引き続き【計算表4，5】の作成を行います。
・5％以下の場合　 ⇨　課税仕入れ等の税額の調整は不要です。通常の計算により計算した課税仕入れ等の税額の合計額を控除対象仕入税額として申告書の作成を行います。

計算表4　調整割合の計算表

内　　容		金　額　等
資産の譲渡等の対価の額の合計額（計算表1⑤）	①	169,595,238 円
課税仕入れ等に係る特定収入以外の特定収入（計算表2⑴⑰のC）	②	6,500,000
分母の額（①＋②）	③	176,095,238
調整割合 $\left\{\begin{array}{l}②の金額\\③の金額\end{array}\right.$	④	$\dfrac{6,500,000}{176,095,238}$

→ 計算表5⑴⑤
　 計算表5⑵⑩
　 計算表5⑶⑦

計算表5　調整後税額の計算表

(3) 課税売上割合が95%未満で一括比例配分方式を採用している場合

内　容		金　額　等
調整前の課税仕入れ等の税額の合計額	①	2,254,801 円
課税仕入れ等にのみ使途が特定されている特定収入（「課税仕入れ等に係る特定収入」）（計算表2(1)⑰のB）	②	35,000,000
②× $\frac{4}{105}$　（1円未満の端数切捨て）	③	1,333,333
課税売上割合	④	$\frac{118,095,238}{169,595,238}$
③×④（1円未満の端数切捨て）	⑤	928,447
①−⑤	⑥	1,326,354
調整割合（計算表4④）	⑦	$\frac{6,500,000}{176,095,238}$
⑥×⑦（1円未満の端数切捨て）	⑧	48,958
特定収入に係る課税仕入れ等の税額（⑤+⑧）	⑨	977,405
控除対象仕入税額（①−⑨）	⑩	1,277,396

(注) ⑥、⑧、⑨、⑩欄の計算結果がマイナスの場合には、「△」で表示します。

⑩欄の金額が
　プラス（+）の場合　申告書付表2の⑳欄及び申告書（一般用）の④欄（控除対象仕入税額）へ転記します。
　マイナス（−）の場合　申告書付表2の㉑欄及び申告書（一般用）の③欄（控除過大調整税額）の金額に加算します。

II 特定収入に係る課税仕入れ等の税額の計算　245

第27-(1)号様式

平成18年5月31日　麹町 税務署長殿

- 納税地：千代田区霞が関3-1-1（電話番号 03-00XX-00△△）
- 名称又は屋号：財団法人 ○○協会
- 代表者氏名又は氏名：公共 一郎 ㊞
- 経理担当者氏名：

自 平成17年4月1日
至 平成18年3月31日

課税期間分の消費税及び地方消費税の（確定）申告書

平成九年四月一日以後終了課税期間分（一般用）

この申告書による消費税の税額の計算

課税標準額	①	118,095,000
消費税額	②	4,723,800
控除過大調整税額	③	
控除対象仕入税額	④	1,277,396
返還等対価に係る税額	⑤	
貸倒れに係る税額	⑥	
控除税額小計（④+⑤+⑥）	⑦	1,277,396
控除不足還付税額（⑦-②-③）	⑧	
差引税額（②+③-⑦）	⑨	3,446,400
中間納付税額	⑩	761,900
納付税額（⑨-⑩）	⑪	2,684,500
中間納付還付税額（⑩-⑨）	⑫	00
既確定税額	⑬	
差引納付税額	⑭	00
課税資産の譲渡等の対価の額	⑮	118,095,238
資産の譲渡等の対価の額	⑯	169,595,238

この申告書による地方消費税の税額の計算

控除不足還付税額	⑰	
差引税額（⑨）	⑱	3,446,400
還付額（⑰×25％）	⑲	
納税額（⑱×25％）	⑳	861,600
中間納付譲渡割額	㉑	190,400
納付譲渡割額（⑳-㉑）	㉒	671,200
中間納付還付譲渡割額（㉑-⑳）	㉓	
既確定譲渡割額	㉔	
差引納付譲渡割額	㉕	00
消費税及び地方消費税の合計（納付又は還付）税額	㉖	3,355,700

付記事項・参考事項

割賦基準の適用	有 ○ 無
延払基準の適用	有 ○ 無
工事進行基準の適用	有 ○ 無
現金主義会計の適用	有 ○ 無
課税標準額に対する消費税額の計算の特例の適用	有 ○ 無

課税売上割合：95％未満 ○／95％以上

控除税額の計算方法：個別対応方式／一括比例配分方式 ○／全額控除

①課税標準額
- 4％分：118,095 千円
- 旧3％分：千円

②消費税額の内訳
- 4％分：4,723,800 円
- 旧3％分：円

基準期間の課税売上高：109,523,809 円

税理士署名押印：公益 太郎 ㊞（電話番号 03-00△△-XX00）

○ 税理士法第30条の書面提出有
○ 税理士法第33条の2の書面提出有

付表2　課税売上割合・控除対象仕入税額等の計算表

一般

| 課税期間 | 17.4.1～18.3.31 | 氏名又は名称 | 財団法人　〇〇協会 |

項　目		金　額
課　税　売　上　額（税抜き）	①	118,095,238 円
免　税　売　上　額	②	
非課税資産の輸出等の金額、海外支店等へ移送した資産の価額	③	
課税資産の譲渡等の対価の額（①+②+③）	④	118,095,238　※申告書の⑮欄へ
課税資産の譲渡等の対価の額（④の金額）	⑤	118,095,238
非　課　税　売　上　額	⑥	51,500,000
資産の譲渡等の対価の額（⑤+⑥）	⑦	169,595,238　※申告書の⑯欄へ
課　税　売　上　割　合（④/⑦）		〔　69.6　%〕※端数切捨て
課税仕入れに係る支払対価の額（税込み）	⑧	※注2参照　85,000,000
課税仕入れに係る消費税額（⑧×4/105）	⑨	※注3参照　3,238,095
課税貨物に係る消費税額	⑩	
納税義務の免除を受けない（受ける）こととなった場合における消費税額の調整（加算又は減算）額	⑪	
課税仕入れ等の税額の合計額（⑨+⑩±⑪）	⑫	3,238,095
課税売上割合が95%以上の場合（⑫の金額）	⑬	
課税売上割合が95%未満の場合 個別対応方式	⑫のうち、課税売上げにのみ要するもの	⑭	
	⑫のうち、課税売上げと非課税売上げに共通して要するもの	⑮	
	個別対応方式により控除する課税仕入れ等の税額〔⑭+（⑮×④/⑦）〕	⑯	
	一括比例配分方式により控除する課税仕入れ等の税額（⑫×④/⑦）	⑰	2,254,801
控除の税調整額	課税売上割合変動時の調整対象固定資産に係る消費税額の調整（加算又は減算）額	⑱	
	調整対象固定資産を課税業務用（非課税業務用）に転用した場合の調整（加算又は減算）額	⑲	
差引	控　除　対　象　仕　入　税　額〔（⑬、⑯又は⑰の金額）±⑱±⑲〕がプラスの時	⑳	※申告書の④欄へ　1,277,396
	控　除　過　大　調　整　税　額〔（⑬、⑯又は⑰の金額）±⑱±⑲〕がマイナスの時	㉑	※申告書の③欄へ
貸倒回収に係る消費税額		㉒	※申告書の③欄へ

注意 1　金額の計算においては、1円未満の端数を切り捨てる。
　　 2　⑧欄には、値引き、割戻し、割引きなど仕入対価の返還等の金額がある場合（仕入対価の返還等の金額を仕入金額から直接減額している場合を除く。）には、その金額を控除した後の金額を記入する。
　　 3　上記2に該当する場合には、⑨欄には次の算式により計算した金額を記入する。

$$課税仕入れに係る消費税額⑨=\left(\begin{array}{c}課税仕入れに係る支払対価の額（仕入対価\\の返還等の金額を控除する前の税込金額）\end{array}\right)×\frac{4}{105}-\left(\begin{array}{c}仕入対価の返還等\\の金額（税込み）\end{array}\right)×\frac{4}{105}$$

　　 4　㉑欄と㉒欄のいずれにも記載がある場合は、その合計金額を申告書③欄に記入する。

特定収入に係る課税仕入れ等の税額の計算表
計算表1　資産の譲渡等の対価の額の計算表

内容		金額
課税売上げ｜通常の課税売上げ、役員へ贈与及び低額譲渡	①	円
課税売上げ｜課税標準額に対する消費税額の計算の特例適用の課税売上げ	②	
免税売上げ（輸出取引等）	③	
非課税売上げ	④	
資産の譲渡等の対価の額の合計額	⑤	（計算表3①、計算表4①）

(注) 1　各欄の金額は、いずれも消費税額及び地方消費税額に相当する額を含みません。
  2　各欄の金額について、売上げに係る対価の返還等の額がある場合でも、売上げに係る対価の返還等の額を控除する前の金額を記入してください。
  3　非課税売上げについては、課税売上割合を計算する場合の調整はありませんから、そのままの金額を記入してください。
  4　国外における資産の譲渡等がある場合は、その対価の額を加算してください。
  5　②欄には、消費税法施行規則の一部を改正する省令（平成15年財務省令第92号）附則第2条《課税標準額に対する消費税額の計算の特例》の適用を受けるものを記載します。

計算表2　特定収入の金額及びその内訳書

(1) 特定収入、課税仕入れ等に係る特定収入、課税仕入れ等に係る特定収入以外の特定収入の内訳表

内　　容		資産の譲渡等の対価以外の収入	特定収入 A	Aのうち課税仕入れ等にのみ使途が特定されている金額（「課税仕入れ等に係る特定収入」） B	A－Bの金額（「課税仕入れ等に係る特定収入以外の特定収入」） C
租　　　　税	①	円	円	円	円
補助金・交付金等	②				
他会計からの繰入金	③				
寄　附　　金	④				
出資に対する配当金	⑤				
保　険　　金	⑥				
損　害　賠　償　金	⑦				
会費・入会金	⑧				
喜　捨　　金	⑨				
債　務　免　除　益	⑩				
借　入　　金	⑪				
出　資　の　受　入　れ	⑫				
貸　付　回　収　金	⑬				
	⑭				
	⑮				
	⑯				
合　　　　計	⑰		計算表3②	計算表5(1)②,(3)②	計算表4②

計算表2　特定収入の金額及びその内訳書（個別対応方式用）

(2) 課税売上げにのみ要する課税仕入れ等にのみ使途が特定されている特定収入、課税・非課税売上げに共通して要する課税仕入れ等にのみ使途が特定されている特定収入の内訳書

※　この表は課税売上割合が95％未満で個別対応方式を採用している場合のみ使用

内　容		課税仕入れ等に係る特定収入 （計算表2(1)のB欄の金額） D	Dの金額のうち	
			課税売上げにのみ要する課税仕入れ等にのみ使途が特定されている特定収入 E	課税・非課税売上げに共通して要する課税仕入れ等にのみ使途が特定されている特定収入 F
租　　　　　税	①	円	円	円
補助金・交付金等	②			
他会計からの繰入金	③			
寄　附　金	④			
出資に対する配当金	⑤			
保　険　金	⑥			
損害賠償金	⑦			
会費・入会金	⑧			
喜　捨　金	⑨			
債務免除益	⑩			
借　入　金	⑪			
出資の受入れ	⑫			
貸付回収金	⑬			
	⑭			
	⑮			
	⑯			
合　　　計	⑰		計算表5(2)②	計算表5(2)④

計算表3　特定収入割合の計算表

内容		金額等
資産の譲渡等の対価の額の合計額（計算表1⑤）	①	円
特定収入の合計額（計算表2(1)⑰のA）	②	
分母の額（①＋②）	③	
特定収入割合（②÷③）	④	％

(注)　④欄は、小数点第4位以下の端数を切り上げて、百分率で記入してください。

○　特定収入割合が
・5％を超える場合 ⇨　課税仕入れ等の税額の調整が必要です。引き続き【計算表4，5】の作成を行います。
・5％以下の場合　⇨　課税仕入れ等の税額の調整は不要です。通常の計算により計算した課税仕入れ等の税額の合計額を控除対象仕入税額として申告書の作成を行います。

計算表4　調整割合の計算表

内容		金額等
資産の譲渡等の対価の額の合計額（計算表1⑤）	①	円
課税仕入れ等に係る特定収入以外の特定収入（計算表2(1)⑰のC）	②	
分母の額（①＋②）	③	
調整割合　{②の金額 / ③の金額}	④	

　　　　　　　　　　　　　　　　　　　⇨　計算表5(1)⑤
　　　　　　　　　　　　　　　　　　　　　計算表5(2)⑩
　　　　　　　　　　　　　　　　　　　　　計算表5(3)⑦

計算表5　調整後税額の計算表

(1) 課税売上割合が95％以上の場合

内　　　　容		金　額　等
調整前の課税仕入れ等の税額の合計額	①	円
課税仕入れ等にのみ使途が特定されている特定収入（「課税仕入れ等に係る特定収入」）（計算表2(1)⑰のB）	②	
②× $\frac{4}{105}$ （1円未満の端数切捨て）	③	
①－③	④	
調整割合（計算表4④）	⑤	
④×⑤（1円未満の端数切捨て）	⑥	
特定収入に係る課税仕入れ等の税額（③＋⑥）	⑦	
控除対象仕入税額（①－⑦）	⑧	

(注)　④、⑥、⑦、⑧欄の計算結果がマイナスの場合には、「△」で表示します。

⑧欄の金額が

プラス（＋）の場合　申告書付表2の⑳欄及び申告書（一般用）の④欄（控除対象仕入税額）へ転記します。

マイナス（－）の場合　申告書付表2の㉑欄及び申告書（一般用）の③欄（控除過大調整税額）の金額に加算します。

計算表5　調整後税額の計算表

(2) 課税売上割合が95％未満で個別対応方式を採用している場合

内　　　　容		金　額　等
調整前の課税仕入れ等の税額の合計額	①	円
課税売上げにのみ要する課税仕入れ等にのみ使途が特定されている特定収入（計算表2(2)⑰のE）	②	
②× $\frac{4}{105}$　（1円未満の端数切捨て）	③	
課税・非課税売上げに共通して要する課税仕入れ等にのみ使途が特定されている特定収入（計算表2(2)⑰のF）	④	
④× $\frac{4}{105}$　（1円未満の端数切捨て）	⑤	
課税売上割合（準ずる割合の承認を受けている場合はその割合）	⑥	
⑤×⑥（1円未満の端数切捨て）	⑦	
③+⑦	⑧	
①-⑧	⑨	
調整割合（計算表4④）	⑩	
⑨×⑩（1円未満の端数切捨て）	⑪	
特定収入に係る課税仕入れ等の税額（⑧+⑪）	⑫	
控除対象仕入税額（①-⑫）	⑬	

(注)　⑨、⑪、⑫、⑬欄の計算結果がマイナスの場合には、「△」で表示します。

⑬欄の金額が
　プラス（＋）の場合　申告書付表2の⑳欄及び申告書（一般用）の④欄（控除対象仕入税額）へ転記します。
　マイナス（－）の場合　申告書付表2の㉑欄及び申告書（一般用）の③欄（控除過大調整税額）の金額に加算します。

計算表5　調整後税額の計算表

(3) 課税売上割合が95％未満で一括比例配分方式を採用している場合

内　　　　　容		金　額　等
調整前の課税仕入れ等の税額の合計額	①	円
課税仕入れ等にのみ使途が特定されている特定収入（「課税仕入れ等に係る特定収入」）（計算表2(1)⑰のB）	②	
②× $\frac{4}{105}$ （1円未満の端数切捨て）	③	
課税売上割合	④	
③×④（1円未満の端数切捨て）	⑤	
①－⑤	⑥	
調整割合（計算表4④）	⑦	
⑥×⑦（1円未満の端数切捨て）	⑧	
特定収入に係る課税仕入れ等の税額（⑤+⑧）	⑨	
控除対象仕入税額（①－⑨）	⑩	

(注)　⑥、⑧、⑨、⑩欄の計算結果がマイナスの場合には、「△」で表示します。

⑩欄の金額が
　プラス（+）の場合　申告書付表2の⑳欄及び申告書（一般用）の④欄（控除対象仕入税額）へ転記します。
　マイナス（－）の場合　申告書付表2の㉑欄及び申告書（一般用）の③欄（控除過大調整税額）の金額に加算します。

参考又は引用とした主な文献一覧

参考又は引用とした主な文献一覧

書籍名	著者	発行元
所得税基本通達逐条解説		財団法人　大蔵財務協会
法人税基本通達逐条解説		財団法人　大蔵財務協会
消費税法基本通達逐条解説		財団法人　大蔵財務協会
企業組織再編の法人税務	中村慈美ほか	財団法人　大蔵財務協会
Q&A非営利法人の会計・税務要点解説	高山昌茂	清文社
SPC&匿名組合の法律・会計税務と評価	さくら綜合事務所	清文社
コンメンタール所得税法	武田昌輔	第一法規
コンメンタール法人税法	武田昌輔	第一法規
図解　消費税		財団法人　大蔵財務協会
図解　法人税		財団法人　大蔵財務協会
図解　所得税		財団法人　大蔵財務協会
図解　源泉所得税		財団法人　大蔵財務協会
源泉所得税質疑応答集		財団法人　大蔵財務協会
所得税質疑応答集		財団法人　大蔵財務協会
法人税質疑応答集		財団法人　大蔵財務脇会
消費税の経理処理と税務調整	成松洋一	財団法人　大蔵財務協会
公共・公益法人のための消費税の実務	齋藤文雄	財団法人　大蔵財務協会
最新判例による消費税法の解釈と実務	三浦道隆	財団法人　大蔵財務協会
消費税質疑応答集		財団法人　大蔵財務協会
総説　消費税法	岩下忠吾	財経詳報社

詳説　非営利法人の消費税実務	築地宏明ほか	清文社
消費税事例選集	東京北斗監査法人	清文社
実務家のための消費税実例回答集	木村剛志	税研
附帯税の事例研究	品川芳宣	財経詳報社
宗教法人の会計と税実務Q&A	臼井宏三郎	清文社
企業再編税制の実務	奥村眞吾	清文社
企業組織再生プランの法務＆税務	辻・本郷税理士法人、鳥飼総合法律事務所	清文社
租税法	金子　宏	弘文堂
詳解　独立行政法人のすべて	朝日監査法人パブリックセクター部	ぎょうせい
検証　国税非公開裁決	山本守之	ぎょうせい
これからの公益法人の契約実務	公共法人契約実務研究会	ぎょうせい
会社法務と税務	中野百々造	税研
タックスシェルター	中里　実	有斐閣
タックス・シェルター事例研究	本庄　資ほか	税務経理協会
租税回避の事例研究	八ツ尾順一	清文社
旅費法詳解	旅費法令研究会	学陽書房
非営利法人の会計・税務・監査	橋留隆志	同文館出版
会社税務釈義	武田昌輔	第一法規
非営利法人の税務と会計	川口　剛ほか	財団法人　大蔵財務協会
非営利法人の会計・税務	高山昌蔵	清文社
独立行政法人会計基準の完全解説	中央青山監査法人	中央経済社

会計検査のあらまし　平成16年度決算	会計検査院	
非営利法人の決算と開示ハンドブック	日本公認会計士協会東京会編	税研
公益法人の税務と会計	都井清史	税研
Ｑ＆Ａでわかる新公益法人会計の実務	久保直生	税研
すぐわかる新公益法人会計基準	都井清史	税研
ＬＬＰ・ＬＬＣの税務・会計ガイド	パートナーズ国際会計事務所	中央経済社
ＬＬＰ・ＬＬＣの会計税務ブックガイドＱ＆Ａ	中央青山監査法人ほか	税研
内閣府・総務省・財務省・国税庁等の資料・パンフレット		

上記、文献から引用させていただきましたことについて、心から謝意を表します。

独立行政法人等、公共・公益法人の税実務

2006年11月5日　第1版第1刷発行

編　著	独立行政法人等、 公共・公益法人の税実務研究会
発行者	松　林　久　行
発行所	株式会社大成出版社

東京都世田谷区羽根木 1 — 7 — 11
〒156-0042　電話 03(3321)4131(代)
http://www.taisei-shuppan.co.jp/

©2006　独立行政法人等、公共・公益法人の税実務研究会　　印刷　信教印刷
　　　　落丁・乱丁はおとりかえいたします。
ＩＳＢＮ4-8028-3535-3